LES VRAYES CENTURIES
et
PROPHETIES
de Maistre
MICHEL NOSTRADAMUS

A Amsterdam Chez Iean Ianßon à Waesberge et la
Vefve du Feu Elizée Weyerstraet. l'An 1668.

LES VRAYES CENTURIES

ET

PROPHETIES

DE MAISTRE

Michel Nostradamus.

Où se void representé tout ce qui s'est
passé, tant en France, Espagne, Italie,
Alemagne, Angleterre, qu'autres
parties du monde.

Reveües & corrigées suyvant les premieres
Editions imprimées en Avignon en l'an 1556. &
à Lyon en l'an 1558. & autres.

Avec la vie de l'Autheur.

à AMSTERDAM.

Chez JEAN JANSSON à WAES-
BERGE & la veue de fu ELIZÉE
WEYERSTRAET, l'an 1668.

Advertissement
AU
LECTEUR.

My Lecteur, comme c'est une injure odieuse à toute la nature de desrober au public la cognoissance des choses importantes, & curieuses; & que c'est un crime detestable parmy les hommes, de ne mettre pas au jour, ce qu'on croyt pouvoir contribuer à leur advancement, & à leur plaisir: aussi est-ce une action esclattante, & glorieuse, & qui ne merite rien moins que des applaudissements, & des loüanges eternelles: Quand on travaille de touttes ses forces à faire triompher la verité, comme aussy à facilter l'intelligence, de ce qui jusques alors avoit esté tout à faict ignoré, ou du moins grossierement cognu. Cela estant de la façon, je me flatte que te donnant un ouvrage si parfaict que celuy que je t'offre; tu estimeras mon zele à vouloir te servir, & mon dessein à tascher de te plaire; ou que du moins tu approuveras mon travail, si tu ne veux pas les couronner de tes applaudissemens, & de tes loüanges. Ce qui m'inspire un sentiment si doux, & une pensée si flatteuse, c'est l'estime que je fais de ta Prudence, & de ton æquité; qui me persuadent que comme c'est le propre d'un homme sage de ne porter jamais jugement de quoy que ce soit, qu'aprés une meure consideration, & une parfaicte cognoissance du sujet, sur lequel on doit fonder ses sentimens, qu'aussi tu ne me blasmeras pas d'avoir mis soubs la presse un livre qu'on a desia si souvent imprimé, que tu n'ayes sceu plustost quels sont les motifs qui m'ont engagé, & les raisons qui m'ont fait resoudre à te le donner comme il est à present. Il est donc juste (mon cher Lecteur) que je te les apprene; non seulement pour me mettre à convert des langues des mesdisans; mais encore pour m'acquerir la gloire qui m'est düe: La premiere est que touttes les autres impressions ont esté plaines d'erreurs, tant par raport à l'ortographe des

mots

mots, qu'à cause de la substance des vers qu'on y a changés, & à quoy j'ay remedié dans celle-cy. La seconde, c'est que les precedentes n'ont pas remarqué les choses notables qui sont arrivées de nostre temps parce qu'on n'en avoit pas eu encore l'intelligence, & que les misteres cachées de ces propheties obscures n'avoient pas peu estre penetrées jusques à present. La troisiesme enfin est que quand bien tous les exemplaires precedents auroient eu touttes les perfections qu'on pourroit souhaiter, n'y en ayant plus maintenant; je serois tout à faict digne de blasme, de ne vouloir pas communiquer à tout un monde qui le desire, un thresor que je puis me vanter de posseder seul. Tu verras donc qu'outre la rareté de cet ouvrage, qui le rend assés recommandable par cette seule raison; il a encore beaucoup d'autres advantages qui te la feront estimer beaucoup plus que tous ceux qui l'ont precedé. Je suis quasi convaincu que l'esclaircissement & la cognoissance qu'il te donnera des plus remarquables evenements de nostre temps, si satisfairont beaucoup : Mais ce dont j'ay plus de certitude, c'est que tu ne sçaurois lire les citations curieuses de ce livre, que tu ne sois ravy de voir en evidance, ce que nostre Prophete nous avoit caché par des termes obscurs, & des mots ambigus, prens donc la peine de le lire, & tu trouveras le mariage de Henry le grand avec Marie de Medicis, nonobstant l'opposition d'un Duc, la descente de cette Reyne dans la ville de Marseille, la fin desastreuse, & la mort violante de ce grand Prince; comme aussy le Gouvernement de l'estat, par le Marquis D'ancre dans la premiere prediction de nostre siecle, & dans les six premiers vers de ces Propheties. pag. 72. tu y verras la rebellion des Bourdelois, & la surprinse qu'ils firent du Chasteau Trompette pendant les derniers troubles du Royaume, dans la Centurie XII. Quatr. 62. pag. 127. tu y remarqueras la fin honteuse, & cruëlle du Roy d'Angleterre par la main d'un Bourreau dans la Cent. IX. Quatr. 49. pag. 106. comme aussi l'invasion, & la tyrannie de Cronwel dans la Cent. 8. Quatr. 76. pag 95. La juste vengeance qu'en a pris le fils du mort, aprés son restablissement à la couronne; non seulement sur le parricide, mais encore sur tous ses adherants dans la Cent. X. Quatr. 9. pag. 114. la fuitte honteuse de ce jeune prince hors de son Estat, & la façon de gouverner du Tyran qui le privoit

de

de son throsne dans la Cent. x. Quatr. 22. pag. 115. l'em-
brasement de la ville capitalle de ces Isles dans la Cent. 11.
Quatr. 51. pag. 20. l'attentat du chancelier de ce Royaume
contre son souverain, & la patrie, & son honteux bannisse-
ment hors d'iceluy dans les prædictions des années courantes
de ce siecle, dans le xxv. Sixain. Tu y verras la mort
de la Royne Mere Anne d'Austriche dans les mesmes
predictions & au LIV. Sixain; comme aussi celle du
Cardinal Mazarin dans le mesme endroit quatre sixains
plus bas; Enfin tu y observeras la revolution du Portugal
dans la Cent. VIII. Quatr. 90. pag. 97, & plusieurs
autres belles curiosités qui meritent ta lecture, & qui,
sans doupte, t'obligeront à recepvoir favorablement cet
ouvrage que je t'offre. Reçois le donc avec agreement, &
avec estime, puis qu'il le merite, & puis que celui qui te
le presente t'en conjure; cependant qu'il te souhaite paix
& salut.

L A

Vera loquor, nec falsa loquor sed munere cœli.
Qui loquitur DEUS est non ego
NOSTRADAMUS.

LA VIE

De Maistre

MICHEL NOSTRADAMUS,

Medecin Ordinaire du Roy Henry II.
Roy de France.

ICHEL de NOS-
TREDAME, le plus
renommé & fameux qu'ait
esté de longs siecles en la
prediction qui se tire de la
connoissance, & jugement des Astres,
nasquit en la ville de S. Remy en Provence l'an de grace 1503. un Jeudy, 14. Decembre, environ les 12. heures de midy.
Son pere fut Jacques de Nostredame
Notaire du lieu: sa mere Renée de Sainct
Remy, dont les ayeuls paternels & ma-
ternels furent personnages bien versez
aux sciences de Mathematique & Medecine : comme Medecins qu'ils estoient,
l'un de René Roy de Hierusalem & de
Sicile Comte de Provence, & l'autre de
Jean, Duc de Calabre, fils dudit Roy
René. Qu'est pour clorre la bouche à
d'aucuns envieux, quelques grands
Dictateurs qu'ils soyent aux sciences,

qui

qui ont mefdit de fon origine, mal informez de la verité. Dont vient que noſtre Autheur en ſes Commentaires dit avoir receu comme de main en main la connoiſſance des Mathematiques de ſes antiques progeniteurs. Et en la preface ſur ces centuries, Que la parole hereditaire de l'occulte prediction ſera dans ſon eſtomac intercluſe.

Apres le treſpas de ſon biſayeul maternel, qui luy avoit donné cõme en joüant un premier gouſt des celeſtes ſciences (ainſi qu'avons eſcrit ailleurs amplement) il fut envoyé en Avignon pour apprendre les lettres humaines. De là il vaqua fort heureuſement à la Philoſophie, & Theorie de Medecine dans l'Univerſité de Montpellier, juſques à ce qu'à l'occaſion d'une peſtilence qui ſurvint au pays, priſt ſa route devers Narbonne, Thouloufe, Bourdeaux: auſquelles villes & citez donnant ſes premiers coups d'eſſay, tira premierement fruict de ſes labeurs, & lors il menoit l'an 22. de ſon âge. Ayant ſejourné 4. ans en ces quartiers pratiquãt la Medecine, il luy ſembla bon retourner à Montpellier, pour ce recuire & paſſer au Doctorat: ce qu'il fiſt en peu de temps, non ſans preuve, loüange & admiration de tout le College. Paſſant à Tholouſe, vint à Agen, ville ſur
la

la riviere de Garonne, où Jule Cefar
Scaliger l'arretta, perfonnage de figna-
lée & rare erudition, ainfi que chacun
fçait, avec lequel il eut grande familiari-
té, qui toutesfois fe changea quelque
temps apres en forte fimulte & pique,
ainfi qu'advient fouvent entre les doctes,
& fe peut colliger par leurs efcrits. Là
prift à femme une fort honorable Da-
moifelle, de laquelle il eut 2. enfans, ma-
fle & femelle, Lefquels decedez, fe voyant feul & fans compagnie, delibera foy
retirer du tout en Provence fon naturel
pays. Arrivé à Marfeille, vint à Aix Parlement de Provence, où il fut 3. années
aux gages de la Cité, du temps que la pefte s'y efleva en l'an de CHRIST 1546.
telle, fi furieufe & cruelle, que l'a de-
fcrite le Seigneur de Launay en fon
Theatre du monde, felon les vrais rap-
ports, qui luy en furent faits par noftre
Autheur. De là venant à Salon de Craux,
ville diftante d'Aix d'une petite journée,
& moitié chemin d'Avignon & Marfeille, il fe maria en fecondes nopces. Où
prevoyant les infignes mutations &
changemens advenir en l'Europe univer-
fellement, & mefmes les guerres civiles
& fanglantes, & les troubles pernicieux
de ce Royaume Gaulois fatalement s'approcher plein d'un enthoufiafme, &

com-

comme ravy d'une fureur toute nouvelle, se mist à escrire ses Centuries, & autres presages commençant ainsi.

D'ESPRIT *divin l'ame presage atteinte*
Trouble, famine, peste, guerre courir,
Eau, siccité, terre & mer de sang teinte:
Paix, trefve, à naistre, Prelats, Princes mourir.

Lesquelles il garda long temps sans les vouloir publier, estimant que la nouvelleté de la matiere ne failliroit luy susciter infinies detractions, calomnies & morsures plus que venimeuses, ainsi qu'il advint. A la parfin vaincu du desir qu'il avoit de profiter au public, les mist en lumiere, dont tout incontinent le bruit & renommée courut par la bouche de nos hommes & des estrangers avec grandissime admiration. De ce bruit & fame empennée esmeu le tres-puissant Henry II. Roy de France, l'envoya querir pour venir en Cour l'an de grace 1556, & ayant avec iceluy communique de choses grandes, le renvoya avec presens. Quelques ans apres Charles IX. son fils visitant ses provinces (qui fut en 1564.) & rangeant sous la douceur de la paix ses villes mutinées, entrant

trant en Provence, ne voulut faillir de visiter ce Prophete, & vrayement heroë, usant envers luy de liberalité Royale, l'honnora de l'estat de Conseiller & sien Medecin ordinaire. Ce seroit chose trop prolixe, si je voulois icy deduire par escrit ce qu'il a predit, tant en special que general, & surperfluë combien de gens doctes, grands Seigneurs & autres arrivoyent à luy de toutes parts & regions, comme à un oracle : & ce que S. Hierosme disoit de Tite Live, je le puis affermer de cestuy, que venans en la France, ne cherchoyent en icelle autre chose pour voir. A ce voyage du susdit Roy Charles il passoit 60. ans, & devenant fort caduque & debile, pour les maladies qui souvent l'affligeoyent, mesme une arthritis & goutte attentoit constamment son an climacterique, auquel il deceda, sçavoir le 2. de Juillet 1566. peu devant le Soleil levant, passant icelle arthritis en hydropisie, qui au bout de 8. jours le suffoqua. Que le temps de son trespas luy fut notoire, mesmes le jour, voire l'heure, je le puis tesmoigner avec verité. Me souvenant tresbien que sur la fin de Juin de ladite année, il avoit escrit de sa main aux Ephemerides de Jean Stadius, ces mots Latins, *Hic prope mors est.* C'est à dire, Icy proche est

ma

ma mort. Et le jour devant qu'il fist eschange de cette vie à l'autre, luy ayant assisté bien longuement, & sur le tard prenant congé de luy jusques au lendemain matin, il me dit ces parolles, Vous ne me verrez pas en vie au Soleil levant. Sur son Sepulchre fut inscrit & gravé tel Epitaphe, fait à l'imitation de celuy de ce grand Tite Live (que cy-dessus avons touché) historiógraphe Romain, qui aujourd'huy se void en l'Eglise des Cordeliers de Salon, où le corps d'iceluy fut ensevely honorablement & porté. Qui pour estre allegué cy-apres en Latin, tel qu'il est insculpé, je le traduiray ainsi.

Cy reposent les os de Michel Nostredame, duquel la plume presque Divine, a esté de tous estimée digne de tracer & raporter aux Humains selon l'influence des Astres, les évenemens à venir par dessus tout le rond de la terre.

Il est trespasse à Salon de Craux en Provence l'an de grace 1566. le second Juillet, âgé de soixante-deux ans six mois dix-sept jours.

O Posteres, ne touchez à ses cendres, & n'enviez point le repos d'iceluy.

Il estoit de stature un peu moindre que la me-

la mediocre, de corps robuſte, alegre
& vigoureux. Il avoit le front grand
& ouvert, le nez droit & eſgal, les yeux
gris, le regard doux & en ire comme
flamboyant, le viſage ſevere & riant,
de ſorte qu'avec la ſeverité ſe voyoit en
iceluy conjoint une grande humanité :
les joües vermeilles, voire juſques à l'extréme âge, la barbe longue & eſpoiſſe,
la ſanté bonne & gaillarde, ſi nous ex-
ceptons la vielleſſe, & tous les ſens aigus
& tres entiers. Quand à l'eſprit, il l'a-
voit vif & bon, comprenant legerement
tout ce qu'il vouloit : le jugement ſubtil,
la memoire felice & admirable, de nature taciturne penſant beaucoup & parlant peu : diſcourant tresbien en temps
& lieu : au reſte vigilant, prompt &
ſoudain, choleré, patient du labeur.
Son dormir n'eſtoit que de quatre à cinq
heures, loüant & aimant la liberté de
laugue, joyeux, facetieux, mordant
en riant. Il approuvoit les ceremonies
de l'Egliſe Romaine, & tenoit la foy &
religion Catholiqne : hors de laquelle il
aſſeuroit n'eſtre point de ſalut. Et re-
prenoit grievement ceux, qui retirez du
ſein d'icelle, ſe laiſſoyent apaſter & abru-
ver de douceur & liberté des doctrines
eſtrangeres & damnables : affermant
que la fin leur en ſeroit mauvaiſe & per-

nicieu-

nicieufe. Je ne veux oublier à dire qu'il
s'exerçoit volontiers en jeufnes, oraifons, aufmones, à la patience : abhor-
riffoit le vice & le chaftioit feverement,
voir me fouvient que donnant aux pauvres (envers lefquels il eftoit fort liberal
& charitable) il avoit ce mot en bouche
ordinairement, tiré de l'Efcriture faincte, Faites-vous des amis des richeffes
d'iniquité ? De fa feconde femme il a
laiffé fix enfans, trois fils & trois filles.
Le 1 des mafles nommé Cefar, perfonnage d'un fort gaillard & gentil efprit,
eft celuy auquel il a dedié fes Centuries
premieres duquel nous devons efperer
de grandes chofes fi vray eft ce que j'en
ay trouvé en plufieurs lieux des Commentaires de fon dit pere, notamment
fur l'an 1559. & mois de Juillet, où je
renvoye le Lecteur. Entr'autres enfante-
mens de fon efprit fecond, que je paffe
icy fous filence, il a efcrit 12. Centuries
de predictions comprifes briefvement
par quatrains, que du mot Grec il a inti-
tulé Propheties : dont trois fe trouvent
imparfaites, la 7. 9. 11. Ces deux der-
nieres ont long temps tenu prifon &
tiennent encores pour la malice du
temps, en fin nous leur ouvrirons la
porte. Nous avons de luy d'autres pre-
fages en profe, faits depuis l'an 1550.
juf-

jufques à 67. qui colligez par moy la pluf-
part & redigez en 12. livres, font dignes d'eftre recommandez à la pofterité.
Ceux cy comprennent noftre hiftoire,
& tous nos troubles, guerres & menées
depuis un bout jufques à l'autre tant de
prefent que de l'advenir.

À L'INVICTISSIME,

TRES-PUISSANT, ET
Tres-Chrestien,

HENRY SECOND,
Roy de France.

MICHEL NOSTRADAMUS
tres - humble , & tres-obeyſſant
ſerviteur & ſujet.

Victoire & Felicité.

POUR icelle ſouveraine obſervation
que j'ay eu, ô tres-Chreſtien & tres-
victorieux Roy depuis que ma face
eſtant long-temps obnubilée ſe preſente
au devant de la deité de veſtre Majeſté immeſurée, depuis en ça j'ay
perpetuellement eſblouy, ne deſiſtant
d'honorer dignement venerer iceluy jour que premierement
devant icelle je me preſent ay comme à une ſinguliere
Majeſté tant humaine. Or cherchant quelque occaſion pour laquelle je peuſſe manifeſter le bon cœur &
bon courage, que moyennant iceluy mon pouvoir euſſe fait ſimple extenſion de connoiſſance envers voſtre
ſereniſſime Majeſté. Or voyant que par effet le de-
clarer ne m'eſtoit poſſible, joint avec mon ſingulier de-
ſir de ma tant longue obtenebration & obſcurité eſt
ſubitement eſclarcie & tranſportés au devant de la face
du ſouverain œil, & du premier Monarque de l'univers, tellement que j'ay eſté en doute longuement à qui
je voudrois conſacrer ces trois centuries du reſtant de mes

Propheties parachevant la milliade , & apres avoir longuement cogité d'une temeraire audace , ay prins mon addresse envers vostre Majesté , n'estant pour cela estonnée , comme raconte le gravissime autheur Plutarque en sa vie de Lycurgue , que voyant les offres & presens qu'on faisoit par sacrifice aux temples des Dieux immortels d'iceluy temps , & à celle fin que l'on ne s'esloignât par trop souvent desdits fraiz & mises , ne s'osoient presenter aux temples. Ce nonobstant voyant vostre splendeur Royale accompagnée d'une incomparable humanité ay prins mon addresse , non comme aux Roys de Perse , qu'il n'estoit nullement permis d'aller à eux ny moins s'en approcher. Mais à un tres-prudent , à un tres-sage Prince , j'ay consacré mes nocturnes & Prophetiques supputations , composées plutost d'un naturel instinct , accompagné d'une fureur poëtique que par règle de poësie , & la pluspart composé & accordé à la calculation Astronomique , correspondant aux ans , mois & sepmaines des regions , contrées , & de la pluspart des villes & citez de toute l'Europe , comprenant de l'Afrique , & une partie de l'Asie par le changement des regions qui s'approchent à la pluspart de tous ces climats & composé d'une naturelle faction respondra que quelqu'un qui auroit bien besoin de soy moucher , la rithme estre autant facile comme l'intelligence du sens est difficile. Et pource ô tres-humanissime Roy la pluspart des quatrains prophetiques sont tellement scabreux qu'on n'y sçauroit donner voye , ny moins aucun interpreter , toutesfois esperant de laisser par écrit les ans , villes , citez , regions , où la pluspart adviendra , mesme de l'année 1585. & de l'année 1606. commencant depuis le temps present , qui est le 14. de Mars 1547. & passant outre bien loin jusques à l'advenement , qui sera apres au commencement du 7. millenaire profondement supputé tant que mon calcul astronomique & autre assavoir s'est peu estendre , où les adversaires de Jesus-Christ & de son Eglise commenceront plus fort de pulluler : le tout a esté composé & calculé en jours & heures

* 6   d'e

d'eslection & bien disposées & le plus justement qu'il m'a
esté possible. Et le jour Minerva libera & non invi-
ta, supputant presque autant des adventures du temps
advenir, comme de âges passez comprenant de present, & de ce que par le cours du temps par toutes regions l'on connoistra advenir, tout ainsi nommé-
ment comme il est escrit, n'y meslant rien de superflu,
combien que l'on dit : Quod de futuris non est de-
terminata omnino veritas. Il est bien vray Sire
que pour mon naturel instinct qui m'a esté donné par
mes avites, ne cuidant presager & adjoustant &
accordant iceluy naturel instinct avec ma longue supputation uny & vuidant l'ame, l'esprit, & le
courage de toute cure solicitude & fascherie par repos & tranquillité de l'esprit. Le tout accordé &
presagé l'une partie tripode æneo. Combien qu'ils
soient plusieurs qui m'attribuent ce qui est autant à
moy comme de ce que n'en est rien, Dieu seul eternel qui est perscrutateur des humains courages, pie,
juste & misericordieux, est le vray juge, auquel je
prie qu'il me vueille defendre de la calomnie des mé-
chans qui voudroient aussi calomnieusement s'enque-
rir pour quelle cause tous vos antiquissimes progeniteurs Roys de France ont guery des escrouelles, & des
autres nations ont guery de la morsure des serpens,
les autres ont eu certain instinct de l'art divinatrice :
& d'autres cas qui seroient longs icy à raconter. Ce
nonobstant ceux à qui la malignité de l'esprit malin ne sera comprins par le cours du temps apres la
terrienne mienne extinction, plus sera mon escrit
qu'à mon vivant, cependant si à ma supputation
des âges je fallois, on ne pourroit estre selon la volonté d'aucuns. Plaira à vostre plus qu'imperiale
Majesté me pardonner, protestant devant Dieu &
ses Saincts que je ne pretens de mettre rien quelcon-
que par escrit en la presente Epistre qui soit contre
la vraye foy Catholique, conferant les calculations
Astronomiques jouxte mon sçavoir : car l'espace du
temps de nos premiers qui ont precedez sont tels, me

ne-

remettant sous la correction du plus saint jugement, que le premier homme *Adam* fut devant *Noë*, environ mille deux cents quarante deux ans, ne computant les temps par la supputation des Gentils, comme a mis par escrit *Varron* : mais tant seulement selon les sacrées Escritures, & selon la foiblesse de mon esprit en mes calculations Astronomiques. Apres *Noë* de luy & de l'universel deluge, vint *Abraham* environ mille huictante ans, lequel a esté souverain Astrologue selon aucun, il inventa premier les lettres Chaldaiques. Apres vint *Moyse* environ cinq cens quinze ou seize ans, & entre le temps de *David* & *Moyse* ont esté cinq cens septante ans là environ. Puis apres entre le temps de *David*, & le temps de N. Sauveur & Redempteur *Jesus Christ*, né de l'unique *Vierge*, ont esté (selon aucuns Chronographes) mille trois cens cinquante ans : pourra objecter quelqu'un cette supputation n'estre veritable, parce qu'elle differe à celle d'*Eusebe*. Et puis le temps de l'humaine Redemption jusqu'à la seduction detestable des *Sarrazins*, ont esté six cens vingt un an là environ, depuis en ça l'on peut facilement colliger quels temps ont passez, si la mienne supputation n'est bonne & valable par toutes nations, pource que tout a esté calculé par le cours celeste, par association d'emotion infuse à certaines cures delaissées par l'emotion de mes antiques progeniteurs. Mais l'injure du temps ô serenissime Roy, requiert que tels evenemens ne soient manifestez que par enigmatique sentence, n'ayant qu'un seul sens & unique intelligence, sans y avoir rien mis d'ambigue n'amphibologique calculation : mais plutost sous obnubilée obscurité par une naturelle infusion, approchant à la sentence d'un des mille & deux Prophetes qui ont esté depuis la creation du monde, jouste la supputation & Chronique Punique de *Joel*. Effundam spiritum meum super omnem carnem & prophetabunt filii vestri & filiæ vestræ : Mais telle Prophetie procedoit de la bouche du saint
Esprit

Esprit qui estoit la souveraine puissance eternelle, ad-
joute avec la celeste à d'aucuns de ce nombre ont
predit de grandes & emerveillables adventures. Moy
en cet endroit je ne m'attribuë point tel tiltre ja à
Dieu ne plaise : je confesse bien que le tout vient
de Dieu & luy en rends graces, honneur & loüange immortelle sans y avoir meslé de la divination qui
provient à fato, mais à Deo natura, & la pluspart accompagnée du mouvement du cours celeste,
tellement que voyant comme dans un miroir ardent,
comme par vision obnubilée, les grands evenemens
tristes prodigieux & calamiteuses adventures qui s'approchent par les principaux culteurs. Premierement
des temples de Dieu. Secondement par ceux qui sont
terrestrement soustenus s'approcher telle decadence avec
mille autres calamiteuses adventures, que par le
cours du temps on connoistra advenir : Car Dieu
regardera la longue sterilité de la grand dam, qui
puis apres concevra deux enfans principaux ; mais
elle periclitant, celle qui luy sera adjoustée par la
temerité dè l'âge de mort periclitant dedans le dix-
huitiesme ne pouvant passer le trentesixiesme qu'en de-
laissera trois masles & une femelle, & en aura
deux celuy qui n'eut en jamais d'un mesme perc,
de trois freres feront telles differences, plus unies &
accordées que les trois & quatre parties de l'Europe
trembleront par le moindre d'âge sera la Monarchie Chrestienne soustenuë & augmentée, sectes esle-
vées, & subitement abaissées, Arabes reculez, Royaumes unis, nouvelles loix promulguées, des autres
enfans le premier occupera les Lyons furieux, cou-
ronnez, tenant les parens dessus les armes intrepidez,
le second se profondera si avant par les Latins accompagné, qui sera faite la seconde voye tremblante
& furibonde au mont Jevis, descendant pour monter aux Pyrennées, ne sera translaté à l'antique Monarchie, sera faite la troisiesme inondation de sang humain, ne se trouvera de long-temps Mars en Caresme.
Et sera donnée la fille pour la conservation de l'Eglise Chrestienne tombant son dominateur à la Paganis-

me fecte des nouveaux infidelles, elle aura deux enfans, l'un de fidelité & l'autre d'infidelité par la
confirmation · de l'Eglife Catholique, & l'autre qui
à fa grande confufion & tarde repentance la voudra
ruiner feront trois regions par l'extreme difference des
lignes : c'eft affavoir la Romaine, la Germanie &
l'Efpagne qui feront diverfes fectes par main militaire, delaiffant les 50. & 52. degrez d'hauteur, &
feront tous hommages des religions lointaines aux regions de l'Europe & de Septentrion de 48. degrez
d'auteur qui premier par vaine timidité tremblera
puis les plus Occidentaux, Meridionaux & Orientaux trembleront, telle fera leur puiffance, que ce
que fe fera par concorde & union infupportable des
conqueftes belliques; De nature feront efgaux, mais
grandement differents de foy. Apres cecy la Dame fterile de plus grande puiffance que la feconde,
fera receuës par deux peuples, par le premier obftiné par celuy qui a eu puiffance fur tous, par le
deuxiefme, & par le tiers qui eftendra fes forces
vers le circuit de l'Orient de l'Europe aux pannos l'a
profligé & fuccombé & par voile marine fera fes
extenfions, à la Trinacrie Adriatique par Mirmi-
do & Germaniques du tout fuccombé & fera la fecte
Barbarique de tout des Nations grandement affligée
& dechaffé. Puis le grand Empire de l'Antechrift
commencera dans la Arda & Zerfas defcendre en
nombre grand & innumerable, tellement que la
venuë du S. Efprit procedant du 24. degré fera
tranfmigration, dechaffant à l'abomination de l'Antechrift faifant guerre contre le Royal, qui fera le
grand Vicaire de Jefus Chrift & contre fon Eglife,
& fon regne per tempus, & in occafione tem-
poris. Et fuccedera devant une eclypfe folaire le plus
obfcur & le plus tenebreux qui foit efté depuis la
creation du monde jufques à la mort & paffion
de Jefus-Chrift, & de là jufques icy, & fera au
mois d'Octobre que quelque grande tranflation fera
faite, & telle que l'on cuidera la pefanteur de la
terre avoir perdu fon naturel mouvement, & eftre
abyf-

abyſmée en perpetuelle tenebre, ſeront precedens au temps urnal, & s'en ſuivant apres d'extremes changemens, & permutations de regne, par grand tremblement de terre avec pullulation de la neufve Babylone, fille miſerable, augmentée par l'abomination du premier holocauſte & ne tiendra tant ſeulement ſeptante trois ans, ſept mois : puis apres en ſortira du tige celle qui avoit demeuré tant long temps ſterile, procedant du cinquantieſme degré, qui renouvellera toute l'Egliſe Chreſtienne. Et ſera faite grande paix, union & concorde entre un des enfans des front eſgarez & ſeparez : par divers regnes ſera faite telle paix que demeurera attachè au plus profond barathre le ſuſcitateur & prometeur de martiale faction par la diverſité des Religieux, & ſera uny le Royaume du Rabieux, qui contrefera le ſage. Et les contrées villes, citez, regnes, & provinces qui auront laiſſé les premieres voyes pour les delivrer ſe captivant plus profondement ſeront ſecrettement laſchez de leur liberté, & parfaite religion. perduë, commenceront de frapper dans la partie gauche pour retourner à la dextre, & remettant la ſainteté profligée de long temps avec leur priſtin eſcrit, qu'apres le grand chien ſortira, le plus gros maſtin, qui ſera deſtruction de tout, meſme de ce qu'auparavant ſera eſté perpetrè ; ſeront redreſſez les temples comme au premier temps, & ſera reſtituè le Clerc à ſon priſtin eſtat, & commencera à meretriquer & luxurier, faire & commettre mille forfaits. Et eſtans proche d'une autre deſolation, par lors qu'elle ſera à ſa plus haute & ſublime dignitè, ſe dreſſeront des potentats & maints militaires, & luy ſeront oſtez les deux glaives, & ne luy demeurera que ſes enſeignes, deſquelles par moyen de la curvature qui les attire, le peuple le faiſant aller droit, & ne voulant ſe condeſcendre à eux par le bout oppoſite de la main aiguë, touchant terre voudront ſtimuler juſques à ce que naiſtre d'un rameau de la ſterile de long temps, qui delivrera le peuple univers

de

de celle servitude benigne & volontaire, soy remettant
à la protection de Mars, spoliant Jupiter de tous
ces honneurs & dignitez pour la cité libre, consti-
tuée & assise dans une autre exigue Mezopotamie.
Et sera le chef & gouverneur jetté du milieu &
mis au lieu de l'air, ignorant la conspiration des
conjurateurs avec le second Trasibulus, qui de long
temps aura maniè tout cecy. Alors les immondicitez
des abominations seront par grande honte abiectèes
& manifestèes aux tenebres de la lumiere obtenebrèe,
cessera devers la fin du changement de son regne, &
les Chefs de l'Eglise seront en arriere de l'amour de
Dieu, & plusieurs d'entr'eux apostatiseront de la
vraye Foy, & de trois sectes, celle du milieu
par les culteurs d'icelle, sera un peu mis en decadence. La prime totalement par l'Europe, la
pluspart de l'Affrique exterminèe de la tierce moyennant les pauvres d'esprit, qui par insensez eslevez
par la luxure libidineuse adultèreront La plebe se
levera, soustenant dechassera les adherans des legisla-
teurs, & semblera que les regnes affoiblis par les
Orientaux, que Dieu le Createur aye deslié Satan
des prisons infernales, pour faire naistre le grand
Gog & Magoh, lesquels feront si grande fraction
abominable aux Eglises, que les rouges ne les blancs
sans yeux ne sans mains plus n'en jugeront, & leur
sera ostèe leur puissance. Alors sera faite plus de
persecution aux Eglises, que ne fut jamais. Et sur
ces entrefaites naistra pestilence si grande, que de trois
parts du monde plus que les deux defaudront. Tellement qu'on ne sçaura connoistre ne les appartenants
des champs & maisons, & naistra l'herbe par les
ruès de citez plus haute que les genoux. Et au
Clergè sera faite toute desolation & usurperont les
martiaux ce que sera retournè de la cité du Soleil de Melite & des Isles stecades, & sera ouverte la grande chaîne du port qui prend sa domina-
tion bœuf marin. Et sera faite nouvelle incursion par
les maritimes plages, voulant le saut Castulum delivrer

livrer de la premiere reprinse Mahumetaine. Et ne seront de leurs assaillemens vains , & au lieu que jadis fut l'habitation d'Abraham , sera assaillie par personnes qui auront en veneration les Jovialistes. Et icelle cité d'Achem sera environnée & assaillie de toutes parts en tres-grande puissance de gens d'armes. Seront affoiblies leurs forces maritimes par les Occidentaux. Et à ce regne sera faite grande desolation , & les plus grandes citez seront depeuplées & ceux qui entreront dedans seront compris à la vengeance de l'ire de Dieu. Et demeurera le sepulchre de tant grande veneration par l'espace long temps sous le souverain à l'universelle vision des yeux du ciel, du soleil, & de la lune. Et sera converty le lieu sacré en ebergement de troupeau menu & grand & adapté en substances prophanes. O quelle calamiteuse affliction sera pour lors aux femmes enceintes: Et sera par lors du principal chef Oriental la pluspart esmeu par les Septentrionaux & Occidentaux vaincu & mis à mort, profligez & le reste en fuite, & ses enfans de plusieurs femmes emprisonnez, & par lors sera accomplie la Prophetie du Royal Prophete : Ut audiret gemitus compeditorum, ut solveret filios interemptorum. Quelle grande impression qui par lors sera faite sur les Princes & Gouverneurs des Royaumes, mesmes de ceux qui seront maritimes & Orientaux, & leurs langues entremeslées à grande societé la langue des latins & les Arabes par la communication Punique, & seront ces Roys chassez profligez, exterminez, non du tout par le moyen de forces des Roys d'Aquilon , & par la proximité de nostre siecle par moyen de trois unis secrettement cherchant la mort & insidies par embûches l'un de l'autre , & durera le renouvellement Triumvirat, sept ans que la renommée de telle secte fera son étenduë par l'univers, & sera soustenu le sacrifice de la sainte & immaculée Hostie , & seront lors les Seigneurs deux en nombre d'Aquilon, victorieux sur les Orientaux , & sera en iceux fait si grand bruit & tumulte bellique , que tout iceluy Orient tremblera

de

de la frayeur d'iceux freres, non freres Aquilonnai-
res. Et pource, SIRE, que par ce difcours je
mets prefque confufément ces predictions, & quand ce
pourra eftre, & par l'advenement d'iceux, pour le
denombrement du temps qui s'enfuit, qu'il n'eft nullement ou bien peu conforme au fuperieur, lefquels
tant par voye Aftronomique que par autres, mefme
des facrées Efcritures, qui ne peuvent faillir nullement que je voulois à chaque quatrain mettre le denombrement du temps fe pourroit faire : mais à tous
ne feroit agreable ne moins les interpreter jufqu'à ce,
SIRE, que vôtre Majefté m'aye octroyé fimple
puiffance pour ce faire, pour ne donner caufe aux
calomniateurs de me mordre ; Toutesfois contant les
ans depuis la creation du monde jufqu'à la naiffance de Noé font paffez mille cinq cens & fix ans &
depuis la naiffance de Noé jufqu'à la parfaicte fabri-
cation de l'arche approchant de l'univerfelle inondation, pafferent fix çens ans (fi les ans eftoient folaires ou lunaires, ou des dix mixtions) je tiens ce
que les facrées Efcritures tiennent qu'ils eftoient folaires. Et à la fin d'iceux fix ans, Noé entra dans
l'arcke pour eftre fauvé du deluge, & fut icelny du
deluge univerfel fur terre, & dura un an & deux
mois. Et depuis la fin du deluge jufqu'à la nativité d'Abraham, paffa le nombre des ans de deux
cens nonante cinq. Et depuis la nativité d'Abraham
jufqu'à la nativité d'Ifaac pafferent cent ans. Et
depuis Ifaac jufqu'à Jacob foixante ans. Dès l'heure
qu'il entra en Egypte jufqu'à l'iffuë pafferent cent
trente ans. Et depuis l'entrée de Jacob en Egypte
jufqu'à l'iffuë d'icelny pafferent quatre cens trente
ans. Et depuis l'iffuë d'Egypte jufqu'à l'edification
du temple faite par Salomon au quatriefme an de
fon regne pafferent quatre cens octante ou quatre vingts
ans. Et depuis l'edification du temple jufques à Jefus-Chrift, felon la fupputation des Hierographes,
pafferent quatre cens nonante ans. Et ainfi par cette
fupputation que j'ay faite, colligée par les facrées lettres, font environ quatre mille cent feptante trois ans

& huict mois peu ou moins. Or de Jesus-Christ en ça
par la diversité des sectes je laisse , & ayant supputé & calculé les presentes propheties , le tout selon l'ordre de la chaîne qui contient sa revolution ,
le tout par doctrine Astronomique, & selon mon naturel instinct , & apres quelque temps, & dans iceluy comprenant depuis le temps que Saturne tournera
entrer à sept du mois d'Avril jusques au 15. d'Aoust,
Jupiter à 14. de Juin jusques au 7. d'Octobre , Mars
depuis le 17. d'Avril jusques au 22. de Juin, Venus depuis le 9. d'Avril jusques au 22. de May,
Mercure depuis le 3. Fevrier jusques au 24. dudit.
En apres le 1. de Juin jusques au 24. dudit , &
du 25. de Septembre jusques au 16. d'Octobre , Saturne en Capricorne , Jupiter en Aquarius , Mars
en Scorpio , Venus en Pisces , Mercure dans un
mois en Capricorne , Aquarius & Pisces , la Lune
en Aquarius , la teste du Dragon en Libra : la
queüe à son signe opposite suivant une conjonction de
Jupiter à Mercure avec un quadrain aspect de Mars
à Mercure , & la teste du Dragon sera avec une
conjonction du soleil à Jupiter , l'année sera pacifique sans eclypse , & non du tout , & sera le commencement comprenant ce que durera , & commençant icelle année sera faite plus grande persecu-
cution à l'Eglise Chrestienne , qui n'a esté faite en
Afrique , & durera cette icy jusques à l'an mil
sept cens nonante deux que l'on cuidera estre une renovation de siecle , apres commencera le peuple Romain de se redresser , & de chasser quelques obscures tenebres , recevant quelque peu de leur pristine clarté , non sans grande division & continuel
changement. Venise en apres en grande force &
puissance se levera ses aisles si haut , ne disant gueres aux forces de l'antique Rome. Et en icelny temps
grandes voiles Bisantines associées aux Ligustiques
par l'appuy & puissance Aquilonnaire , donnera
quelque empeschement que des deux Cretenses ne leur
sera la foy tenuë. Les arcs edifiez par les antiques
Martiaux , s'accompagneront aux ondes de Neptune.

ne. En l'Andriatique sera faite discorde grande,
ce que sera uny sera separé, approchera de maison ce
que paravant estoit, & est grande cité, comprenant
le Pempetam, la Mesopotamie de l'Europe à quarante cinq & autres de quarante un, de quarante
deux & trente sept. Et dans iceluy temps, & en
icelles contrées la puissance infernale mettre à l'encontre de l'Eglise de Jesus Christ la puissance des
adversaires de sa loy qui sera le second Anteckrist
lequel persecutera icelle Eglise & son vray Vicaire
par moyen de la puissance des Roys temporels qui seront par leur ignorance seduits, par langues qui
trancheront plus que nul glaive entre les mains de
l'insensé. Le susdit regne de l'Antechrist ne durera
que jusques au definiment de ce nay pres de l'aage,
& de l'autre à la cité de Plancus, accompagné de
l'eslu de Modone Fulcy, par Ferrare, maintenu par
Liguriens Adriatiques, & de la proximité de la grande Trinacrie : Puis passera le mont Jovis. Le Gallique ogmium accompagné de si grand nombre que de
bien loin l'Empire de sa grand loy sera presenté, &
par lors quelque temps apres sera espanché profusement
le sang des Innocens par les nocens un peu eslevez :
alors par grands deluges, la memoire des choses conte-
nuës de tels instrumens recevra innumerable perte,
mesmes les lettres qui sera devers les Aquilonaires par
la volonté Divine, & entre une fois lié Satan. Et
sera faite paix universelle entre les humains, & sera
delivré l'Eglise de Jesu-Christ de toute tribulation,
combien que par les Azostains voudroit mesler dedans
le miel du fiel, & leur pestifere seduction, & cela
sera proche du septieme millenaire, que plus le san-
ctuaire de Jesus-Christ ne sera conculqué par les
Infideles, qui viendront l'Aquilon, le monde
approchant de quelque grande conflagration, combien que par mes supputations en mes Propheties
le cours du temps aille beaucoup plus loin. Dedans
l'Epistre que ces ans passez ay dediées à mon fils
Cesar

Cefar Noſtradamus, j'ay aſſez apertement declaré au-
cuns poincts ſans preſage. Mais icy, ô SIRE, ſont
comprins pluſieurs grands & merveilleux advenemens,
que ceux qui viendront apres, le verront. Et durant
icelle ſupputation Aſtrologique, conferée aux ſacrées
lettres la perſecution des gens Eccleſiaſtiques prendra
ſon origine par la puiſſance des Roys Aquilonaires,
unis avec les Orientaux. Et cette perſecution durera
onze ans, quelque peu moins que par lors defaillira
le principal Roy Aquilonnaire, leſquels ans accomplis
ſurviendra ſon uny Meridional, qui perſecutera en-
core plus fort par l'eſpace de trois ans les gens d'Egli-
ſe par la ſeduction Apoſtolique d'un qui tiendra tou-
te puiſſance abſoluë de l'Egliſe militaire, & le ſainct
peuple de Dieu, obſervateur de ſa loy, & tout Ordre
de Religion ſera grandement perſecuté & affligé tel-
lement que le ſang des vrais Eccleſiaſtiques nagera par
tout, & un des horribles Roys temporels par ſes ad-
herans luy ſeront données telles loüanges qu'il aura
plus reſpandu du ſang humain des Innocens Eccle-
ſiaſtiques, que nul ne ſçauroit avoir du vin, & ice-
luy Roy commettra des forfaits envers l'Egliſe in-
croyables, coulera le ſang humain par les ruës pu-
bliques & temples, comme l'eau par pluye impe-
tueuſe, & rougiront de ſang plus prochains fleuves,
& par autre guerre navale rougira la mer, que le
rapport d'un Roy à l'autre luy ſera dit : Bellis ru-
buit navalibus æquor. Puis dans la meſme année
& les ſuivantes s'en enſuivra plus horrible peſtilence,
& la plus merveilleuſe par la famine precedente,
& ſi grandes tribulations que jamais ſoient advenuës
telles depuis la fondation de l'Egliſe Chreſtienne &
par toutes les regions Latines, demeurant par les ve-
ſtiges en aucunes contrées des Eſpagnes. Par lors le
tiers Roy Aquilonnaire entendant la plainte du peu-
ple de ſon principal tiltre, dreſſera ſi grande armée,
& paſſera par les deſtroits de ſes derniers avites &
byſayels, qu'il remettra la pluſpart en ſon eſtat, &
le grand Vicaire de la cappe ſera remis en ſon preſtin
eſtat

eſtat : mais deſolè, & puis du tout abandonné, & tournera eſtre Sancta Sanctorum deſtruite par Paganiſme, & le vieux & nouveau Teſtament feront acchaſſez & bruſlez, en apres l'Antechriſt fera le prince infernal, encore par la derniere fois trembleront tous les Royaumes de la Chreſtientè, & auſſi des infidelles par l'eſpace de vingt cinq ans, & feront plus griefues guerres & batailles, & feront villes, citez chaſteaux & tout autres edifices bruſlez, deſolez, & deſtruits avec grande effuſion de fang veſtal, mariées, & vefves violées, enfans de laict contre les murs des villes allidès & brizez, & tant de maux ſe commettront par le moyen de Satan Prince infernal, que preſque tout le monde univerſel ſe trouvera defait & deſolé, & avant iceux advenemens aucuns oyſeaux inſolites crieront par l'air. Huy huy, & feront apres quelques temps eſvanouys. Et aprens que tels coups aura duré longuement, fera preſque renouvellé un autre regne de Saturne, & ſiecle d'or, Dieu le Createur dira entendant l'affliction de ſon peuple, Satan fera mis & jetté en l'abyſme du barathre dans la profonde foſſe. Et ad onc commencera entre Dieu & les hommes une paix univerſelle, & demeurera lié environ l'eſpace de mille ans, & tournera en ſa plus grande force, la puiſſance Eccleſiaſtique, & puis tout deſlié.

Que toutes ces figures ſont juſtement adaptées, par ces divines lettres aux choſes celeſtes viſibles, c'eſt aſſavoir par Saturne, Jupiter & Mars & les autres conjoints, comme plus à plain par aucuns quatrains l'on pourra voir. J'euſſe calculé plus profondement, & adapté les uns avec les autres : Mais voyant, ô ſereniſſime Roy que quelques uns de la cenſure trouveront difficultè, qui fera cauſe de retirer ma plume à mon repos nocturne : Multa etiam, ô Rex omnium potentiſſimè, præclara & fanè brevi ventura, ſed omnia in hac tua epiſtola innectere non poſſumus, nec volumus : ſed ad intelligenda quædam facta horrida, fata pauca libanda ſunt, quamvis tanta ſit in omnes tua amplitudo & humanitas homines, Deóſque pietas, ut ſolus ampliſſimo & Chriſtianiſſimo Regis

gis nomine, & ad quem summa totius religionis au-
ctoritas deferatur dignus esse videare. *Mais tant
seulement je vous requiers, ô Roy tres-clement, par
icelle vostre singuliere & prudente humanité, d'entendre plutost le desir de mon courage, & le souverain estude que j'ay d'obeyr à vostre serenissime Majesté,
depuis que mes yeux furent si proche de vostre splendeur
solaire, que la grandeur n'attaint & ne requiert de Salon, ce 27. de Juin. 1558.*

Faciebat Michaël Nostradamus Salonæ
Petræ Provinciæ.

LES

LES VRAYES CENTURIES

ET PROPHETIES

De Maiftre MICHEL NOSTRADAMUS.

CENTURIE PREMIERE.

1.

E STANT affis, de nuict fecret eftu-
de,
Seul, repofé fur la felle d'airain ?
Flambe exigue, fortant de folitude
Fait proferer qui n'eft à croire en
vain.

2.

La verge en main mife au milieu des branches,
De l'onde il moulle & le limbe & le pied,
Un peur & voix fremiffent par les manches,
Splendeur divine, le devin près s'affied.

3.

Quand la lictiere du tourbillon verfée
Et feront faces de leurs manteaux couverts :
La republique par gens nouveaux vexée,
Lors blancs & rouges jugeront à l'envers.

4.

Par l'univers fera fait un Monarque,
Qu'en paix & vie ne fera longuement,
Lors fe perdra la pifcature barque,
Sera regie en plus grand detriment.

5.

Chaffez feront fans faire long combat,
Par le pays feront plus fort grevez :
Bourg & Cité auront plus grand debat
Carcas, Narbonne, auront cœurs efprouvez.

6.

L'œil de Ravenne fera deftitué,
Quand à fes pieds les aifles failliront,

A

Les deux de Bresse auront constitué,
Turin, Verseil, que Gaulois foulleront.

7.

Tard arrivé l'execution faite,
Le vent contraire, lettres au chemin prinses
Les conjurez quatorze d'une secte,
Par le Rosseau senez les entreprinses.

8.

Combien de fois prinse Cité solaire,
Seras, changeant les loix barbares & vaines
Ton mal s'approche, plus seras tributaire,
Le grand Hadrie recouvrira tes vaines.

9.

De l'Orient viendra le cœur Punique,
Facher Hadrie & les hoirs Romulides,
Accompagné de la classe Libique
Trembler Mellites, & proches Isles vuides.

10.

Serpens transmis dans la cage de fer,
Où les enfans septains du Roy font pris
Les vieux & peres sortiront bas d'enfer,
Ains mourir voir de son fruict mort & cris.

11.

Le mouvement de sens, cœur, pieds & mains
Seront d'accord, Naples, Leon, Secile.
Glaives, feux, eaux, puis aux nobles Romains
Plongez, tüez, morts par cerveau debile.

12.

Dans peu dira fauce brute fragile,
De bas en haut, eslevé promptement,
Puis en istant desloyale & labile,
Qui de Veronne aura gouvernement.

13.

Les exilez par ire, haine intestine
Feront au Roy grand' conjuration,
Secret mettront ennemys par la mine,
Et ses vieux siens contre eux sedition.

14.

De gent esclave, chansons, chants & requestes,
Captifs par Princes & Seigneur aux prisons.

A l'ad-

A l'advenir par idiots sans testes,
Seront receus par divins oraisons.

15.

Mars nous menasse par sa force bellique,
Septante fois fera le sangre espandre,
Auge & ruyne de l'Ecclesiastique,
De par ceux qui d'eux rien voudront entendre.

16.

Faux à l'estang, joint vers le Sagittaire,
En son haut auge de l'exaltation
Peste, famine, mort de main militaire,
Le Siecle approcher de renovation.

17.

Par quarante ans l'iris n'apparoistra,
Par quarante ans tous les jours sera veu
La terre aride en siccité croistra
Et grands deluges quand sera apperceu.

18.

Par la discorde, negligence Gauloise,
Sera passage à Mahommet ouvert
De sang trempez la terre & mer Senoyse,
Le port Phocen de voiles & nefs couvert.

19.

Lors que Serpens viendront circuir l'are
Le sang Troyen vexé par les Espagnes,
Par eux grans nombre en sera faicte rare,
Chef fuit, caché aux mares dans les saignes.

20.

Tours, Orleans, Bloys, Angers, Reims & Nantes,
Citez vexez par subit changement,
Par langues estranges seront tendues tentes
Fleuves, dards, renes, terre & mer tremblement.

21.

Profonde argille blanche nourrit rocher,
Qui d'un abysme istra lacticineuse :
En vain troublez ne l'oserunt toucher,
Ignorans estre au fond terre arguilleuse.

22.

Ce que vivra & n'ayant aucun sens,
Viendra leser à mort son artifice.

Authum,

Anthun, Chaalon, Langres & les deux Sens,
La gresle & glace fera grand malefice.

23.

Au moys troisiesme se levant du Soleil,
Sanglier, Liopard au champ Mars pour combatre,
Liopard laissé, au ciel extend son œil,
Un Aigle autour du soleil voir s'esbatre.

24

A Cité-neufue pensif pour condamner,
L'oysel de proye au ciel, se vient offrir
Apres victoire à captifs pardonner,
Cremone & Mantoue grands maux aura à souffrir.

25.

Perdu, trouvé, caché de si long siecle,
Sera pasteur demy Dieu honoré,
Ains que la Lune acheve son grand cycle,
Par autres vieux sera deshonoré

26.

Le grand du foudre tombe d'heure diurne,
Mal & predit par porteur postulaire,
Suyvant presage tombe d'heure nocturne
Conflit, Reims, Londres, Etrusque pestifere.

27.

Dessous de chaine Guien du Ciel frappé,
Non loing de là est caché le thresor,
Qui par long siecles avoit esté grappé,
Trouvé mourra, l'œil crevé de ressort.

28.

La tour de Boucq craindra fuste Barbare
Un temps, long temps apres barque hesperique,
Bestail, gens, meubles tous deux feront grand'tare,
Taurus & Libra quelle mortelle picque.

29.

Quand le poisson terrestre, & aquatique
Par forte vague au gravier sera mis,
Sa forme estrange, suave & horrifique,
Par mer aux murs bien tost les ennemis.

30.

La nef estrange par le trourment marin
Abordera pres de port incogneu,

Nonobstant signes du rameau palmerin,
Apres mort, pille, bon avis tard venu.

31.

Tant d'ans les guerres, en Gaule dureront
Outre la course du Castulon Monarque,
Victorie incerte trois grands couronneront
Aigle, Coq, Lune, Lyon, Soleil en marque.

32.

Le grand empire sera tost translaté
En lieu petit, qui bien tost viendra croistre
Lieu bien infime, d'exiguë comté.
Ou au milieu viendra poser son Sceptre.

33.

Pres d'un grand pont de plaine spacieuse,
Le grand lyon par forces Cesarées
Fera abbatre hors cité rigoureuse
Par effroy portes luy seront resserrées.

34

L'oyseau de proye volant à la senestre,
Avant conflit fait aux François parure.
L'un bon prendra, l'autre ambigue sinistre,
La partie foible tiendra par bonne augure.

35.

Le Lyon jeune le vieux surmontera,
En champ bellique par singulier duelle,
Dans cage d'or les yeux luy crevera.
Deux playes une, pour mourir mort cruelle.

36.

Tard le Monarque se viendra repentir,
De n'avoir mis à mort son adversaire,
Mais viendra bien à plus haut consentir,
Que tout son sang par mort fera deffaire.

37.

Un peu devant que le Soleil s'esconse
Conflit donné, grand peuple dubieux,
Profligez, port marin ne faict response
Pont & sepulchre en deux estranges lieux.

38.

Le Sol & l'Aigle au victeur paroisteront,
Response vaine au vaincu l'on asseure,

Par cor, ne cris harnois n'arresteront
Vindicte paix, par mort l'acheve à l'heure.

39.

De nuict dans le lict le supresme estrangle
Pour trop avoir subjourné blond esleu
Par trois l'Empire subroge exancle,
A mort mettra carte, pacquet ne leu.

40.

La trombe fausse dissimulant folie,
Fera Bisance un changement de loix,
Hystra d'Egypte qui veut que l'on deslie
Edict changeant monnoyes & alloix.

41.

Siege à Cité, & de nuict assaillie,
Peu eschappez, non loing de mer conflit,
Femme de joye, retours filz, defaillie,
Poison es lettres caché dedans le plic.

42.

Les dix Kalendes d'Auril de fait Gotique
Ressuscité encor par gens malins,
Le feu estaint, assemblée diabolique,
Cerchant les os du d'Amant & Pselin.

43.

Avant qu'advienne le changement d'Empire,
Il adviendra un cas bien merveilleux,
Le champ mué, le piller de Porphire
Mix translaté sur le rocher noisleux.

44.

En bref feront de retour sacrifices,
Contrevenans seront mis à martyre,
Plus ne seront Moines, Abbez, Novices,
Le miel sera beaucoup plus cher que cire.

45.

Secteur de sectes grand peine au delateur,
Beste en Theatre, dressé le jeu scenique,
Du faict inique ennobly l'inventeur,
Par sectes, monde confus & scismatique.

46.

Tout aupres d'Aux, de Lectore & Mirande,
Grand feu du Ciel en trois nuicts tombera,

Cause adviendra bien stupende & mirande,
Bien peu apres la terre tremblera.

47.

Du Lac Leman, les sermons fascheront.
Des jours seront reduicts par les sepmaines,
Puis mois, puis an, puis touts deffailliront
Les Magistrats damneront les loix vaines.

48.

Vingt ans du regne de la Lune passez,
Sept mil ans autre tiendra sa Monarchie :
Quand de Soleil prendra ses jours lassez,
Lors accomplit & mine ma prophetie.

49.

Beaucoup, beaucoup avant telles menées,
Ceux d'Orient, par la vertu Lunaire,
L'an mil sept cens feront grands emmenées,
Subjugant presque le coing Aquilonaire.

50.

Chef d'Aries, Iupiter & Saturne,
Dieu eternel quelles mutations !
Puis apres long siecle son malin temps retourne,
Gaule & Italie, quelles esmotions.

51.

De l'aquatique triplicité naistra,
D'un qui fera le Jeudy pour sa feste.
Son bruit, los, regne, sa puissance croistra,
Par terre & mer, aux Oriens tempeste.

52.

Les deux malins de Scorpion conjoints,
Le grand Seigneur meurtry dedans sa salle,
Peste à l'Eglise par le nouveau Roy joints,
l'Europe basse & Septentrionale.

53.

Las qu'on verra grand peuple tourmenté,
Et la Loy saincte en totable ruyne,
Par autres loix toute la Chrestienté,
Quand d'or, d'argent trouve nouvelle mine.

54.

Deux revolts faits du malin falcigere
De regne & siecles fait permutation,

Le mobil signe en son endroit s'ingere,
Aux deux esgaux & d'inclination.

55.

Soubz l'opposite climat Babylonique,
Grande sera de sang effusion,
Que terre & mer, air, Ciel sera inique,
Sectes, faim, regnes, pestes, confusion.

56.

Vous verrez tost, & tard faire grand change
Horreurs extresmes & vindications,
Que si la Lune conduite par son ange,
Le ciel s'approche des inclinations.

57.

Par grand discord la trombe temblera.
Accord rompu, dressant la teste au ciel,
Bouche sanglante dans le sang nagera,
Au sol sa face oingte de laict & miel.

58.

Trenché le ventre, naistra avec deux testes,
Et quatre bras, quelques ans entiers vivra,
Iour qui Aguilaye celebrera ses festes,
Fossen, Thurin, chef Ferrare fuyra.

59.

Les exilez deportez dans les Isles,
Au changement d'un plus cruel Monarque,
Seront meurtris, & mis deux des scintilles
Qui de parler ne seront esté parques.

60.

Un Empereur naistra pres d'Italie,
Qui à l'Empire sera vendu bien cher,
Diront avec quels gens il se ralie
Qu'on trouvera moins Prince que boucher.

61.

La republique miserable infelice,
Sera vastée du nouveau Magistrat,
Leur grand amas de l'exil malefice,
Fera Sueve ravir leur grand contract.

62.

La grande perte las ! que feront les lettres
Avant le cicle de laton a parfaict,

Feu,

Feu, grand deluge, plus par ignares sceptres
Que de long siecle ne se verra refaict.

63.

Les fleaux passez diminué le monde,
Long-temps la paix, terres inhabitez.
Seur marchera par le ciel, terre, mer, & onde,
Puis de nouveau les guerres suscitez.

64.

De nuict soleil penseront avoir veu,
Quand le pourceau demy homme on verra,
Bruit, chant, bataille au Ciel battre apperceu,
Et bestes brutes à parler on orra.

65.

Enfant sans mains, jamais veu si grand foudre
L'enfant Royal au jeu d'esteuf blessé :
Au puy brisez, fulgures allant moudre,
Trois sur les chaines par le milieu troussé

66.

Celuy, qui lors portera les nouvelles,
Apres un peu il viendra respirer,
Viviers, Tournon, Montferrant & Pradelles,
Gresle & tempeste, les fera sousprier.

67.

La grand famine que je sens approcher,
Souvent tourner puis estre universelle.
Si grande & longue qu'on viendra arracher,
Du bois racine, & l'enfant de mamelle.

68.

O quel horrible & malheureux tourment !
Trois innocens qu'on viendra à livrer,
Poison suspecte, mal garde tradiment,
Mis en horreur par bourreaux enyvrez.

69.

La grand montagne ronde de sept estades,
Apres paix, guerre, faim, inondation,
Roulera loing, abysmant grand contrades,
Mesmes antigues, & grand fondation.

70.

Pluye, faim, guerre, en Perse non cessée,
La foy trop grande, trahira le Monarque

Par la fimie en Gaule commencée,
Secret augure pour à un eftre parque.

71.

La Tour Marine trois fois prinfe & reprinfe,
Par Efpagnols, Barbares, Ligurins,
Marfeille & Aix, Arles par ceux de Pife
Vaft, feu, fer, pille, Avignon des Thurins.

72.

Du tout Marfeille des habitans changée
Courfe & pourfuitte jufques prcs de Lyon.
Narbon, Tholoze par Bordeaux outragée,
Tuez, captifs, prefque d'un million.

73.

France à cinq parts par neglect affaillie
Tunis, Argiels efmeuz par Perfiens,
Leon, Seville, Barcelonne faillie
N'aura la claffe par les Venitiens.

74.

Apres fejoürné vogueront en Epire
Le grand fecours viendra vers Antioche,
Le noir poil crefpe tendra fort à l'Empire
Barbe d'airain le roftira en broche.

75.

Le tyran Siene occupera Savone,
Le fort gaigné tiendra claffe marine,
Les deux armées par la marque d'Ancone
Par effrayeur le chef s'en examine.

76.

D'un nom farouche tel proferé fera,
Que les trois fœurs auront fato le nom :
Puis grand peuple par langue & fait duira,
Plus que nul autre aura bruit & renom.

77.

Entre deux mers dreffera promontoire
Que puis mourra par le mords du cheval,
Le fien Neptune pliera voile noire,
Par Calpte & claffe aupres de Rocheval.

78.

D'un chef vieillard naiftra fens hebeté,
Degenerant par fçavoir & par armes :

Le chef de France par sa sœur redouté,
Champs divisez, concedez aux gens-d'armes.

79.

Bazax, Lectore, Condon, Ausch, Agine,
Esmeus par loix, querelles & monopole,
Car Bourd, Tholouse, Bay, mettra en ruyne,
Renouveller voulant leur tauropole.

80.

De la sixiesme claire splendeur celeste,
Viendra tonner si fort en la Bourgongne :
Puis naistra monstre de tres-hydeuse beste,
Mars, Auril, May, Juin, grand charpin & rongne.

81.

D'humain troupeau neuf seront mis à part :
De jugement & conseil separez,
Leur sort sera divisé en depart,
Kaph, Thita, Lambda morts, bannis esgarez.

82.

Quand les colomnes de bois grande tremblée,
D'auster conduicte couverte de rubriche,
Tant vuidera dehors une assemblée,
Trembler Vienne & le pays d'Austriche.

83.

La gent estrange divisera butins
Saturne & Mars son regard furieux,
Horrible strage aux Toscans & Latins,
Grecs qui seront à frapper curieux.

84.

Lune obscurcie aux profondes tenebres,
Son frere passe de couleur ferrugine :
Le grand caché long temps soubs les tenebres,
Tiendra le fer dans la playe sanguine.

85.

Par la responce de Dame, Roy troublé,
Ambassadeurs mespriseront leur vie,
Le grand ses freres contrefera doublé,
Par deux mourront ire, haine, envie.

86.

La grande Royne quand se verra vaincuë
Fera excez de masculin courage :

A 6   Sur

Sur cheval fleuve paſſera toute nuë,
Suitte par fer, à ſoy fera outrage.

87.

Ennoſigée feu du centre de terre,
Fera trembler autour de Cité neufve :
Deux grands rochers long temps feront la guerre,
Puis Arethuſa rougira nouveau Fleuve.

88.

Le divin mal ſurprendra le grand Prince,
Un peut devant aura femme eſpouſée :
Son puy & credit à un coup viendra mince,
Conſeil mourra pour la teſte raſée.

89.

Tous ceux de Ilerde ſeront dedans Moſelle
Mettant à mort tous ceux de Loyre & Saine,
Secours marin viendra pres d'haute velle,
Quand l'Eſpagnol ouvrira toute veine.

90.

Bourdeaux, Poitiers, au ſon de la campane,
A grande claſſe ira juſques à l'Angon,
Contre Gaulois ſera leur tramontane,
Quand monſtres hydeux naiſtra pres d'Orgon.

91.

Les Dieux feront aux humains apparence,
Ce qu'ils ſeront autheurs de grand conflit.
Avant ciel veu ſerain, eſpec & lance
Que vers main gauche ſera plus grand afflict.

92.

Sous un la paix par tout ſera calmée
Mais non long temps, pille & rebellion :
Par refus, ville, terre & mer entammée,
Morts & captifs, le tiers d'un million.

93.

Terre Italique pres des mots temblera,
Lyon & Coq; non trop confederez,
En lieu de peur, l'un l'autre s'aidera,
Seul Caſtulon & Celtes moderez.

94.

Au port Selin le tyran mis à mort,
La liberté non pourtant recouvrée

Le nouveau Mars par vindicte & remort ,
Dame par force de frayeur honorée.

95.

Devant monftier trouvé enfant beffon
D'heroicq fang de moyne veftutifque ,
Son bruit par fecte , langue & puiffance fon ,
Qu'on dira foit eflevé le Vopifque ,

96.

Celuy qu'aura la charge de deftruire
Temples & fectes changées par fantafie ,
Plus aux rochers qu'aux vivans viendra nuyre ,
Par langue ornée d'oreilles raffaifie.

97.

Ce que fer , flamme , n'a fceu parachever ,
La douce langue au confeil viendra faire
Par repos , fonge , le Roy fera refuer ,
Plus l'ennemy en feu , fang militaire.

98.

Le chef qu'aura conduit peuple infiny
Loing de fon ciel , de mœurs & langue eftrange
Cinq mil en Crete , & Theffale finy ,
Le chef fuyant fauvé en la marine grange.

99.

Le grand Monarque qui fera compagnie ,
Avec deux Roys unis par amitié ,
O quel foufpir fera la grand mefnie ,
Enfans Narbon à l'entour quel pitié.

100.

Long temps au ciel fera veu gris oyfeau ,
Aupres de Dole & de Tofquane terre ,
Tenant au bec un verdoyant rameau
Mourra toft grand , & finira la guerre.

LES

LES VRAYES CENTURIES

ET PROPHETIES

De Maiſtre MICHEL NOSTRADAMUS.

CENTURIE SECONDE.

1.

Vers Aquitaine par inſuls Britaniques
Et par eux meſmes grandes incurſions
Pluyes , gelees feront terrois iniques,
Port Selyn fortes fera invaſions.

2.

La teſte bleuë fera la teſte blanche
Autant de mal que France à fait leur bien,
Mort à l'anthenne, grand pendu ſur la branche,
Quand des prins ſiens le Roy dira combien.

3.

Pour la chaleur ſolaire ſus la mer
De Negrepont les poiſſons demy cuits,
Les habitans les viendront entamer
Quand Rhod & Gennes leur fraudra le biſcuit.

4.

Depuis Monech juſqu'au pres de Sicile
Toute la plage demourra deſolée,
Il n'y aura faux-bourgs, Cité ne Ville
Que par Barbare pillée ſoit & vollée.

5.

Quand dans poiſſon fer & lettre enfermée
Hors ſortira qui pis fera la guerre,
Aura par mer ſa claſſe bien ramée
Apparoiſſant pres de Latine terre.

6.

Aupres des portes & dedans deux citez
Seront deux fleaux onc n'apperceu un tel,

Faim

Faim dedans peste, de fer hors gens boutez,
Crier secours au grand Dieu immortel.

7.

Entre plusieurs aux isles deportez,
L'un estre nay à deux dents en la gorge
Mourront de faim, les arbres esbroutez
Pour eux neuf Roy nouvel edict leur forge.

8.

Temples sacrez prime façon Romaine,
Rejetteront les goffes fondemens,
Prenant leurs loix premieres & humaines
Chassant, non tout, des saints les cultemens.

9.

Neuf ans le regne le maigre en paix tiendra
Puis il cherra en soif si sanguinaire ;
Pour luy grand peuple sans foy & loy mourra,
Tué par un beaucoup plus debonnaire.

10.

Avant long temps le tout sera rangé
Nous esperons un siecle bien senestre,
L'estat des masques & des seuls bien changé
Peu trouveront qu'a son rang vueillent estre.

11.

Le prochain fils de l'Aisnier parviendra
Tant eslevé jusques au regne des forts,
Son aspre gloire un chascun la craindra,
Mais ses enfans du regne jettez hors.

12.

Yeux clos ouverts d'antique fantasie
L'habit des seuls seront mis à neant :
Le grand monarque chastira leur frenaisie
Ravir des temples le thresor par devant.

13.

Le corps sans ame plus n'estre en sacrifice,
Iour de la mort mis en nativité
L'esprit divin fera l'ame felice
Voyant le verbe en son eternité.

14.

A Tours, Gien, gardé seront yeux penetrans,
Descouvriront de loing la grand' Sereine,

Elle

Elle & sa suitte au port seront entrans,
Combats , poussez , puissance souveraine.

15.

Un peu devant monarque trucidé ,
Castor Pollux en nef , astre crinite ,
L'erain public par terre & mer vuidé ,
Pise , Ast, Ferrare , Turin , terre interdicte.

16.

Naples , Palerme , Sicile , Syracuses ,
Nouveaux tyrans , fulgures, feux celestes
Forces de Londres , Gand , Bruxelles & Suses ,
Grand hecatombe , triumphe , faire festes.

17.

Le champ du temple de la vierge vestale ,
Non esloigné d'Ethene & monts Pyrenées ;
Le grand conduit est caché dans la male ,
North , getez, fleuves , & vignes mastinées.

18.

Nouvelle & pluye subite , impetueuse
Empeschera subit deux exercices ,
Pierre , ciel , feux faire la mer pierreuse
La mort de sept , terre & marin subites.

19.

Nouveaux venus , lieu basty sans deffence ,
Occuper place par lors inhabitable ,
Prez , maisons , champs , villes prendre à plaisance ,
Faim, peste, guerre , arpen long labourable.

20.

Freres & Sœurs en plusieurs lieux captifs
Se trouveront passer pres du Monarque
Les contempler ses rameaux ententifs ,
Desplaisant voir menton , frond , nez les marques.

21.

L'ambassadeur envoyé par Byremes ,
A my-chemin d'incogneus repoussez ,
De tel renfort viendront quatre triremes ,
Cordes & chaines en Negrepont troussez.

22.

Le camp Asop d'Eurotte partira ,
S'adjoignant proche de l'isle submergée ,

d'Arc

d'Arton claſſe phalange pliera,
Nombril du monde plus grand voix ſubrogée.

23.

Palais oyſeaux, par oyſeau dechaſſé,
Bien toſt apres le prince parvenu,
Combien qu'hors fleuve ennemy repouſſé,
Dehors ſaiſi trait d'oyſeau ſouſtenu.

24.

Beſtes farouches de faim fleuves tranner,
Plus part du camp encontre Hiſter ſera,
En cage de fer le grand fera trainner,
Quand Rin enfant Germain obſervera.

25.

La garde eſtrange trahira forter, fortereſſe,
Eſpoir & ombre de plus haut mariage,
Garde deçeue, fort prinſe dans la preſſe,
Loyre, Son, Roſne, Gar, à mort outragez.

26.

Pour la faveur que la cité fera,
Au grand qui toſt perdra champ de bataille
Puis le rang Pau, & Theſin verſera
De ſang, feux, morts, noyez, de coups de taille.

27.

Le divin verbe ſera du ciel frappé
Qui ne pourra proceder plus avant,
Du reſerant le ſecret eſtoupé
Qu'on marchera par deſſus & devant.

28.

Le penultieme du ſurnom de prophete
Prendra Diane pour ſon jour & repos,
Loing vaguera par frenetique teſte,
Et delivrant un grand peuple d'impoſts.

29.

L'oriental ſortira de ſon ſiege,
Paſſer les monts Apennois, voir la Gaule,
Transpercera du ciel les eaux & neiges
En un chacun frappera de ſa gaule.

30.

Un qui les dieux d'Annibal infernaux
Fera renaiſtre effrayeur des humains

Oncq plus d'horreur, ne plus pire journaux
Qu'advint viendra par Babel aux Romains.

31.

En campagne Cassilin fera tant
Qu'on ne verra que d'eau les champs couverts,
Devant, apres, la pluye de long temps
Hors mis les arbres rien l'on verra de vert.

32.

Laict, sang, grenouilles escondre en Dalmatie,
Conflit donné, peste pres, de Baleine
Cry sera grand par toute Esclavonie,
Lors naistra monstre pres & dedans Ravenne.

33.

Par le torrent qui descend de Veronne,
Par lors qu'au Pol guidera son entrée.
Un grand naufrage, & non moins en Garonne
Quand ceux de Gennes marcheront leur contrée.

34.

L'ire insensé du combat furieux,
Fera à table par freres le fer luyre,
Les departir mort blessé curieux.
Le fier duelle viendra en France nuyre.

35.

Dans deux logis de nuict le feu prendra,
Plusieurs dedans estouffez & rostis,
Pres de deux fleuves pour seur il adviendra
Sol, l'Arc & Caper, tous seront amortis.

36.

Du grand prophete les lettres seront prinses,
Entre les mains du tyran deviendront,
Frauder son Roy seront les entreprinses,
Mais ses rapines bien tost le troubleront.

37.

De ce grand nombre que l'on envoyera
Pour secourir dans le fort assiegez,
Peste & famine tous les devorera,
Hors mis septante qui seront profligez.

38.

Des condamnez sera fait un grand nombre,
Quand les Monarques seront conciliez :

Mais

Mais à l'un d'eux viendra si mal encombre,
Que gueres ensemble ne seront raliez.

39.

Un an devant le conflit Italique
Germain, Gaulois, Espagnols pour le fort,
Cherra l'escolle maison de republique,
Ou, horsmis peu, seront suffoquez morts.

40.

Un peu apres non point longue intervalle
Par mer & terre sera fait grand tumulte,
Beaucoup plus grande sera pugne navalle,
Feux, animaux, qui plus feront d'insulte.

41.

La grand, estoille par sept jours bruslera,
Nuë fera deux Soleils apparoir,
Le gros mastin toute nuict hurlera,
Quand grand pontife changera de terroir.

42.

Coq, chiens, & chats, de sang seront repeus,
Et de la playe du tyran trouvé mort :
Au lict d'un autre jambes & bras rompus,
Qui n'avoit peu mourir de cruelle mort.

43.

Durant l'estoille cheveluë apparente,
Le trois grands Princes seront faits ennemis,
Frappez du ciel, paix, terre trembulente,
Pau, Tymbre undans, serpent sur le bord mis.

44.

L'aigle posée entour des pavillons,
Par autres oyseaux d'entour sera chassée,
Quand bruit des cymbres, tubes & sonnaillons
Rendront le sens de la Dame insensée.

45.

Trop le ciel pleure l'Androgin procreé
Pres de ce ciel, sang humain respandu,
Par mort trop tarde grand peuple recreé,
Tard & tost vient le secours attendu.

46.

Apres grand trouble humain plus grand s'appreste,
Le grand moteur les siecles renouvelle,
Pluye,

Pluye, fang, laict, famine, feu, & pefte :
Au ciel veu feu, courant longue eftincelle.

47.

L'ennemy grand vieil dueil meurt de poifon,
Les fouverains par infinis fubjuguez,
Pierres plouvoir cachez foubs la toyfon,
Par mort articles en vain font alleguez.

48.

La grand copie qui paffera les monts,
Saturne en l'Arc tournant du poiffon Mars,
Venim chachez foubs teftes de Saulmons,
Leurs chef pendu à fil de polemars.

49.

Les confeillers du premier monopole,
Les conquerans feduits par le Melite,
Rhodes Bifance pour leur expofant pole,
Terre faudra les pourfuivants de fuitte.

50.

Quand ceux d'Hainault, de Gand & de Bruxelles,
Verront à Langres le fiegé devant mis,
Derrier leurs flancs feront guerres cruelles,
La playe antique, fera pis qu'ennemys.

51.

Le fang du jufte à Londres fera faute,
Bruflez par foudres de vingt trois les fix,
La dame antique cherra de place haute.
De mefme fecte plufieurs feront occis.

52.

Dans plufieurs nuicts la terre tremblera,
Sur le printemps deux efforts feront fuitte,
Corinthe, Ephefe aux deux mers nagera,
Guerre s'efmeut par deux vailants de luitte.

53.

La grande pefte de cité maritime
Ne ceffera que mort ne foit vengée :
Du jufte fang par pris damné fans crime,
De la grand' dame par fainte n'outragée.

54.

Par gent eftrange, & de Romains loingtaine,
Leur grand cité apres eau fort troublée :

Fille

Fille fans main , trop different domaine ,
Prins chef , ferreure n'avoir efté riblée.

55.

Dans le conflit le grand qui peu valloit
A fon dernier fera cas merveilleux :
Pendant qu'Hadrie verra ce qu'il falloit ,
Dans le banquet pongnale l'orgueilleux.

56.

Que pefte & glaive n'a peu fçeu definer ,
Mort dans le puys , fommet du ciel frappé ,
L'abbé mourra quand verra ruyner
Ceux du naufrage, l'efcueil voulant grapper.

57.

Avant conflit le grand mur tombera ,
Le grand à mort , mort trop fubite & plainte ,
Nef imparfaict : la plus part nagera ,
Aupres du fleuve de fang la terre tainte.

58.

Sans pied ne main dent ayguë & forte
Par globe au fort du port & l'aifné nay ,
Pres du portail defloyal fe tranfporte ,
Silene luit, petit grand emmené.

59.

Claffe Gauloife par appuy de grand' garde ,
Du grand Neptune , & fes tridens foldats ,
Rongée provençe pour fouftenir grand' bande ,
Plus Mars , Narbon , par javelots & dards.

60.

La foy Punique en Orient rompuë ,
Gang, Ind. & Rofne , Loyre & Tag. changeront ,
Quand du mulet la faim fera repuë ,
Claffe efpargie fang & corps nageront.

61.

Euge , Tamins , Gironde & la Rochelle ,
O fang Trojen mort au port de la flefche ,
Derriere le fleuve au fort mife l'efchelle ,
Pointes feu grand meurtre fus la breche.

62.

Mabus puis toft alors mourra , viendra ,
De gens & beftes une horrible deffaite ,

Puis

Puis tout à coup la vengeance on verra,
Cent, main, soif, faim, quand courra la comette.

63.

Gaulois, Aufone, bien peu fubjuguera,
Pau, Marne, & Seine fera Perme l'urie :
Qui le grand mur contre eux dreffera,
Du moindre au mur le grand perdra la vie.

64.

Seicher de faim, de foif gent Genevoife,
Efpoir prochain viendra au defaillir,
Sur point tremblant fera loy Gebenoyfe,
Claffe au grand port ne fe peut accueillir.

65.

Le parc enclin grande calamité,
Par l'Hefperie & Infubre fera,
Le feu en nef, pefte & captivité,
Mercure en l'arc, Saturne fenera.

66.

Par grands dangers le captif efchappé,
Peu de temps grand la fortune changée.
Dans le palais le peuple eft attrapé,
Par bon augure la Cité affiegée.

67.

La blonde au nez forché viendra commettre
Par le duelle & chaffera dehors,
Les exilez dedans fera remettre
Aux lieux marins commettant les plus forts.

68.

De l'Aquilon les efforts feront grands,
Sur l'Ocean fera la porte ouverte,
Le regne en l'ifle fera reintegrand,
Tremblera Londres par voille defcouverte.

69.

Le Roy Gaulois par la Celtique dextre
Voyant difcorde de la grand Monarchie,
Sur les trois parts fera fleurir fon fceptre,
Contre la cappe de la grand Hierarchie.

70.

Le dard du Ciel fera fon eftenduë,
Morts en parlant grande execution,

La pierre en l'arbre la fiere gent renduë,
Bruit humain monftre, purge expiation.

71.

Les exilez en Sicile viendront,
Pour delivrer de faim la gent eftrange :
Au point du jour les Celtes luy faudront,
La vie demeure, à raifon Roy fe range.

72.

Armée Celtique en Italie vexée,
De toutes parts conflit & grande perte,
Romains fuit, ô Gaule repouffée,
Pres du Thefin, Rubicon pugne incerte.

73.

Au lac Fucin de Benac le rivage,
Prins du Leman ou port de l'Orguion.
Nay de trois bras predict bellic' image,
Par trois couronnes au grand d'Endymion.

74.

De Sens d'Autun viendront jufques au Rofne,
Pour paffer outre vers les monts Pyrennées,
La gent fortir de la marque d'Anconne,
Par terre & mer le fuyvra à grands trainnées.

75.

La voix ouye de l'infolit oyfeau,
Sur le canon du refpiral eftage :
Si haut viendra du froment le boiffeau,
Que l'homme d'homme fera Antropophage :

76.

Foudre en Bourgogne fera cas portenteux,
Que par engin homme ne pourroit faire :
De leur fenat facrifte fait boyteux,
Fera fçavoir aux ennemis l'affaire.

77.

Par arcs, feux, poix, & par feu repouffez,
Crys, hurlemens fur la minuict ouys :
Dedans font mis par les ramparts caffez,
Par cunicule les traditeurs fuys.

78.

Le grand Neptune du profond de la mer,
De gent Punique & fang Gaulois meflé :

Les isles à sang, pour le tardif ramer,
Plus luy nuyra que l'occult mal celé.

79.

La barbe crespe & noire par engin,
Subjuguera la gent cruelle & fiere :
Un grand Chiren ostera du longin,
Tous les captifs par Seline baniere.

80.

Apres conflit du lessé l'eloquence,
Par peu de temps se trame faim, repos,
Point on n'admet les grands à delivrance,
Des ennemis sont remis à propos.

81.

Par feu du Ciel la cité pres qu'aduste,
Urna menasse encor Deucalion,
Vexée Sardagne par la punique fuste,
Apres que Libra lairra son Phaeton.

82.

Par faim la proye fera loup prisonnier,
L'assaillant hors en extreme detresse :
Un nay ayant au devant le dernier,
Le grand n'eschappe au milieu de la presse.

83.

Par le traffic du grand Lyon changé
Et la plus-part tourné en pristine ruine.
Proye aux soldats par pille vendangé,
Par Jura mont & Sueve bruine.

84.

Entre Champagne, Siehne, Flora, Tuscie,
Six mois neuf jours ne pleuvra une goutte :
L'estrange langue en terre Dalmatie,
Courira sus, gastant la terre toute.

85.

Vieux plains de barbe sous le statut severe
A Lyon fait dessus l'Aigle Celtique :
Le petit grand trop outre persevere,
Bruit d'armes au ciel, mer rouge Lygustique.

86,

Naufrage à classe pres d'onde Adriatique,
La terre esmeuë sus lair en terre mis :

Egypte

Egypte tremble augment Mahometique,
Heraut se rendre à crier est commis.

87.

Apres viendra des extremes contrées,
Prince Germain sur le throsne doré :
En servitude & par eaux rencontrées
La dame serve, son temps plus n'a duré.

88.

Le circuit du grand fait ruyneux,
Au nom septiesme le cinquiesme sera :
D'un tiers plus grand l'estrange belliqueux
Mouton, Lutece, Aix ne garantira.

89.

Un jour seront amis les deux grands maistres
Leur grand pouvoir se verra augmenté :
La terre neufue sera en ses hauts estres,
Au sanguinaire, le nombre racompté.

90.

Par vie & mort changé regne d'Hongrie,
La loy sera plus aspre que service :
Leur grand cité d'urlemens, plaints & crie.
Castor & Pollux ennemis dans la lice.

91.

Soleil levant un grand feu on verra,
Bruit & clarté vers Aquilon tendans :
Dedans le rond mort & cris on orra,
Par glaive, feu, faim mort les attendans.

92.

Feu, couleur d'or du ciel en terre veu,
Frappé du haut n'ay, fait cas merveilleux ;
Grand meurtre humain, prinse du grand neveu,
Morts de spectacles, eschappé l'orgueilleux.

93.

Bien prés du Tymbre presse la Lybitine,
Un peu devant grand inondation :
Le chef du nef prins, mis à la sentine,
Chasteau, palais en conflagration.

94.

Gran, Po, grand mal pour Gaulois recevra,
Vaine terreur au maritin Lyon :

B

Peup

Peuple infiny par la mer paffera,
Sans efchapper un quart d'un milion.

95.

Les lieux peuplez feront inhabitables,
Pour champs avoir grande divifion :
Regnes livrez à prudens incapables,
Entre les freres mort & diffention.

96.

Flambeau ardant au ciel fera veu,
Pres de la fin & principe du Rofne,
Famine, glaive, tard le fecours pourveu,
La Perfe tourne envahit Macedoine.

97.

Romain Pontife garde de t'approcher,
De la cité que deux fleuves arroufe :
Ton fang viendras aupres de là cracher
Toy & les tiens quand fleurira la rofe,

98.

Celuy du fang refperfe le vifage,
De la victime proche facrificée,
Tonant en Leo augure par prefage,
Mis eftre à mort lors pour la fiancée.

99.

Terroir Romain qu'interpretoit augure,
Par gent Gauloife par trop fera vexée
Mais nation Celtique craindra l'heure,
Boreas, claffe trop loing l'avoir pouffée.

100.

Dedans les ifles fi horrible tumulte,
Rien on n'orra qu'une bellique brigue,
Tant grand fera des prediteurs l'infulte,
Qu'on fe viendra ranger à la grand ligue.

LE S

LES VRAYES CENTURIES
ET PROPHETIES
De Maiſtre MICHEL NOSTRADAMUS.
CENTURIE TROISIESME.

1.

Pres combat & bataille navale,
Le grand Neptun à ſon plus haut
beffroy   (dra paſle
Rouge adverſaire de peur devien-
Mettant le grand Ocean en effroy.

2.   (ſtance,

Le divin verbe donra à la ſub-
Comprins ciel, terre, or occult au fait myſtique,
Corps, ame, eſprit ayant toute puiſſance,
Tant ſoubs ſes pieds comme au ſiege Celique.

3.

Mars & Mercure & l'argent joint enſemble
Vers le midy extréme ſiccité,
Au fond d'Aſie on dira terre tremble,
Corinthe, Epheſe lors en perplexité.

4.

Quand ſeront proches le deffaut des lunaires.
De l'un à l'autre ne diſtant grandement :
Froid, ſiccité, danger vers les frontieres,
Meſme où l'oracle à prins commencement.

5.

Pres loing defaut de deux grands luminaires
Qui ſurviendra entre Auril & Mars,
O quel cherté ! mais deux grands debonnaires,
Par terre & mer ſecourront toutes parts.

6.

Dans temples clos le foudre y entrera,
Les citadins dedans leurs forts grevez :
Chevaux, bœufs, hommes, l'onde leur touchera
Par Faim, ſoif ſoubs les plus foibles armez.

7.

Les fugitifs feu du ciel ſus les piques,
Conflit prochain des corbeaux s'eſbatans :

B 2   De

De terre on crie aide secours celiques,
Quand pres des murs seront les combatans.

8.

Les Cimbres joints avesques leurs voisins,
Depopuler viendront presque en l'Espagne :
Gens amassez Guienne & Limousins
Seront en ligue & leur feront compagne.

9.

Bordeaux, Roüen, & la Rochelle joints,
Tiendront autour de la grand mer Oceane :
Anglois, Bretons, & les Flamans conjoints,
Les chasseront jusques aupres de Rouane.

10.

De sang & faim plus grand calamité,
Sept fois s'appreste à la marine plage :
Monech de faim, lieu pris captivité,
Le grand mené croc enferrée cage.

11.

Les armes batre au ciel longue saison,
L'arbre au milieu de la cité tombé :
Vermine, rongne, glaive en face tyson,
Lors le Monarque d'Hadrie succombé.

12.

Par la tumeur de Heb. Po, Tag. Tymb. & Rome,
Et par l'estang Leman & Aretin :
Les deux grands chefs & citez de Garonne,
Prins, morts, noyez, partir humain butin.

13.

Par foudre en l'arche or & argent fondu.
Des deux captifs l'un l'autre mangera,
De la cité le plus grand estendu,
Quand submergée la classe nagera.

14.

Par le rameau du vaillant personnage,
De France infime par le pere infelice :
Honneurs, richesses, travail en son vieil aage,
Pour avoir creu le conseil d'homme nice.

15.

Cœur, vigueur, gloire, le regne changera,
De tous points, contre ayant son adversaire :

Lors

Lors France enfance par mort subjugera,
Le grand regent sera lors plus contraire.

16.

Le prince Anglois Mars à son cœur de ciel,
Voudra poursuyre sa fortune prospere :
Des deux duels l'un percera le fiel.
Hay de luy, bien aymé de sa mere.

17.

Mont Aventin brusler nuict sera veu,
Le ciel obscur tout à un coup en Flandres :
Quand de Monarque chassera son neveu,
Les gens d'Eglise commettront les esclandres.

18.

Apres la pluye laict, assez longuette,
En plusieurs lieux de Reims le ciel toucher,
O quel conflit de sang pres d'eux s'appreste !
Peres & fils, Roys n'oseront approcher.

19.

En Luques sang & laict viendra pleuvoir,
Un peu devant changement de preteur,
Grand peste & guerre, faim & soif fera voir,
Loing où mourra leur prince & grand recteur.

20.

Par les contrées du grand fleuve Bethique
Loing d'Ibere au royaume de Grenade,
Croix repoussées par gens Mahometiques,
Un de Cordube trahyra la contrade.

21.

Au Crustamin par mer Hadriatique,
Apparoistra un horrible poisson,
De face humaine & la fin aquatique,
Qui se prendra dehors de l'ameçon.

22.

Six jours l'assaut devant cité donné,
Livrée sera forte & aspre bataille,
Trois la rendront & à eux pardonné,
Le reste à feu & à sang tranche taille.

23.

Si, France, passe outre mer Lygustique,
Tu te verras en isles & mers enclos,

Mahommet contraire, pas mer Hadriatique :
Chevaux & d'afnes tu rongeras les os.

24.

De l'entreprinfe grande confufion,
Perte de gens, trefor innumerable :
Tu ny dois faire encores extenfion,
France, à mon dire fais que fois recordable.

25.

Qui au royaume Navarrois parviendra,
Quand le Sicile & Napels feront joints :
Bigorre & landes par fois larron tiendra,
D'un qui d'Efpagne fera par trop conjoints.

26.

Des Roys & princes drefferont fimulachres,
Augurez creuz, eflevez arufpices :
Corne victime dorée, & d'azur d'acres,
Interpretez feront les extifpices.

27.

Prince lybinique puiffant en Occident,
François d'Arabe viendra tant enflammer :
Sçavans aux lettres fera condefcendent,
La langue Arabe en François tranflater.

28.

De terre foible & pauvre parentelle
Par bout & paix parviendra dans l'Empire,
Long temps regner une jeune femelle,
Qu'oncq, en regne n'en furvint un fi pire.

29,

Les deux nepueux en divers lieux nourris,
Navale pugne, terre pierres tombez,
Viendront fi haut eflevé enguerris,
Venger l'injure ennemys fuccombez.

30.

Celuy qu'en luitte & fer au fait bellique,
Aura porté plus grand que luy le pris :
De nuit au lit fix luy feront la pique,
Nud fans harnois fubit fera furprins.

31.

Aux champs de Mede, d'Arabe & d'Armenie
Deux grands copies trois fois s'affembleront

Pres

Pres du riuage d'Araxes la mefnie,
Du grand Soliman en terre tomberont.

32.

Le grand fepulchre du peuple Aquitanique,
S'approchera aupres de la Tofcane :
Quand Mars fera pres du coing Germanique,
Et au terroir de la gent Mantuane.

33.

En la cité ou le loup entrera,
Bien pres de la les ennemis feront :
Copie eitrange grand pays gaftera,
Aux monts & Alpes les amis pafferont.

34.

Quand le deffaut du Soleil lors fera,
Sur le plein jour le monftre fera veu :
Tout autrement on l'interpretera,
Cherté n'a garde, nul n'y aura pourveu.

35.

Du plus profond de l'Occident d'Europe,
De pauvres gens un Jeune enfant naiftra :
Qui par fa langue feduira grande trouppe,
Son bruit au regne d'Orient plus croiftra.

36.

Enfevely non mort apopletique,
Sera trouvé avoir les mains mangées
Quand la cité damnera l'heretique,
Qu'avoit leurs loix ce leur fembloit changées.

37.

Avant l'affaut oraifon pronençée,
Milan prins d'Aigle par embufches deceus :
Muraille antique par canons enfoncée,
Par feu & fang à mercy peu receus.

38.

La gent Gauloife & nation eftrange,
Outre les monts, morts, prins & profligez :
Au moys contrarie & proche de vendange
Pour les Seigneurs en accord redigez.

39.

Les fept en trois feront mis en concorde,
Pour fubjuguer les Alphes Λ pennines :

B 4   Mais

Mais la tempeste & ligure coüarde,
Les profligent en subjets ruynes.

40.

Le grand theatre se viendra redresser,
Le dez jetté, & les rets ja tendus :
Trop le premier en glaz viendra lasser,
Par arcs prostraits de long temps ja fendus.

41.

Bossu sera esleu par le conseil,
Plus hydeux monstre en terre n'aperceu ;
Le coup volant Prelat crevera l'œil :
Le traistre au Roy pour fidelle receu.

42.

L'enfant naistra à deux dents en la gorge,
Pierre en Tulcie par pluye tomberont :
Peu d'ans apres ne sera bled ne orge,
Pour saouller ceux qui de faim failliront,

43.

Gens d'alentour de Tarn, Loth, & Garonne
Gardez les monts Appennines passer,
Vostre tombeau pres de Rome & d'Anconne
Le noir poil crespe fera trophée dresser.

44.

Quand l'animal à l'homme domestique
Apres grands peines & sauts viendra parler :
Le foudre à vierge sera si malefique
De terre prinse & suspenduë en l'air.

45.

Les cinq estrangers entrez dedans le temple,
Leur sang viendra la terre prophaner ;
Aux Thoulousains sera bien dur exemple
D'un qui viendra les loix exterminer.

46.

Le Ciel (de Plancus la cité) nous presage
Par clairs insignes & par estoilles fixes,
Que de son change subit s'approche l'aage,
Ne pour son bien ne pour les malefices.

44.

Le vieux monarque dechassé de son regne
Aux Oriens son secours ira querre,

Pour

Pour peur de croix ployera son enseigne,
En Mitilene ira par port & terre.

48.

Sept cents captifs attachez rudement,
Pour la moitié meudrir, donné le sort :
Le proche espoir viendra si promptement,
Mais non si tost qu'une quinziesme mort.

49.

Regne Gaulois tu seras bien changé,
En lieu estrange est translaté l'Empire,
En autres loix & mœurs seras rangé,
Roüen & Chartres te fera bien du pire.

50.

La republique de la grande Cité.
A grand rigueur ne voudra consentir :
Roy sortir hors par trompette cité,
L'eschelle au mur la cité repentir.

51.

Paris conjure un grand meurtre commettre
Blois le fera sortir en plain effect :
Ceux d'Orleans voudront leur chef remettre,
Angiers, Troye, Langres, leur feront grand forsait.

52.

En campagne sera si longue pluye,
Et en la Pouille si grande siccité,
Coq verra l'Aigle l'aisle mal acomplie,
Par lyon mise sera en extremité.

53.

Quand le plus grand emportera le pris
De Nuremberg, d'Auspurg, & ceux de Basle,
Par Agripine chef Frankfort repris,
Traverseront par Flamans jusqu'en Gale:

54.

L'un des plus grands fuyra aux Espagnes,
Qu'en longue playe apres viendra seigner
Passant copies par les hautes montaignes,
Devastant tout & puis en paix regner.

55.

En l'an qu'un œil en France regnera,
La court sera en un bien fascheux trouble.

Le

Le grand de Bloys ſon amy tuëra,
Le regne mis en mal & doute double.

56.

Montauban, Niſmes, Avignon, & Beſiers,
Peſte, tonnerre, & greſle à fin de Mars :
De Paris pont Lyon mur, Montpellier,
Depuis ſix cens & ſept xxiii. parts.

57.

Sept fois changer verrez gent Britannique,
Taints en ſang en deux cents nonante an :
France, non point par appuy Germanique,
Ariez doubte ſon pole Baſtarnan.

58.

Aupres du Rin des montagnes Moriques
Naiſtra un grand de gens trop tard venu,
Qui deffendra Saurome & Pannoniques,
Qu'on ne ſçaura qu'il ſera devenu.

59.

Barbare Empire par le tiers uſurpé,
La plus part de ſon ſang mettre à mort,
Par mort ſenile, par luy, le quart frappé,
Par peur que ſang par la ſang ne ſoit mort.

60.

Par toute Aſie grande proſcription,
Meſme en Myſie, Lyſie, & Pamphylie :
Sang verſera par abſolution,
D'un jeune noir remply de felonnie.

61.

La grande bande & ſecte crucigere,
Se dreſſera en Meſopotamie,
Du proche fleuve compagnie legere,
Que telle loy tiendra pour ennemie.

62.

Proche del duero par mer Cire ne cloſe,
Viendra percer les grands monts Pyrenées.
La main plus courte & ſa percée gloſe
A Carcaſſonne conduira ſes menées.

63.

Romain pouvoir ſera du tout à bas
Son grand voiſin imiter ſes veſtiges :

DeſuI.

Occultes haines civiles & debats
Retarderont aux bouffons leurs follies,

64.

Le chef de Perfe remplira grands Olchades
Claffe trireme contre gent Mahometique,
De Parthe & Mede, & pilliers les Cyclades,
Repos long temps au grand port Ionique.

65.

Quand le fepulchre du grand Romain trouvé
Le jour apres fera efleu pontife :
Du fenat guerres il ne fera prouvé,
Emprifonné fon fang au facré fcyphe.

66.

Le grand Baillif d'Orleans mis à mort,
Sera par un de fang vindicatif :
De mort merite ne mourra ne par fort,
Des pieds & mains mal le faifoit captif.

67.

Une nouvelle fecte de Philofophes,
Mefprifant mort, or, honneurs & richeffes,
Des monts Germains ne feront limitrophes,
A les enfuyvre auront appuy & preffes.

63.

Peuple fans chef d'Efpagne & d'Italie,
Morts profligez dedans la Cherrenoffe :
Leur duict trahy par legere folie,
De fang nager par tout à la traverfe.

69.

Grand exercite conduit par jouvenceau,
Se viendra rendre aux mains des ennemis :
Mais le viellard nay au demy pourceau,
Fera Chalon & Mafcon eftre amis.

70.

La grand Bretagne comprinfe d'Angleterre,
Viendra par eaux fi fort à inonder :
La ligue neufve d'Aufonne fera guerre,
Que contre eux il fe viendra bander.

71.

Ceux dans les Ifles de long temps affiegez,
Prendront vigneur force contre ennemis,

Ceux

Ceux par dehors morts de faim profligez
En plus grand faim que jamais seront mis.

72.

Le bon vieillard tout vif enfevely,
Pres du grand fleuve par faute foupçon,
Le nouveau vieux de richeffe ennobly :
Prins à chemin tout l'or de la rançon.

73.

Quand dans le regne parviendra le boiteux,
Compediteur aura proche baftard,
Luy & le regne viendront fi fort rogneux
Qu'ains qu'il gueriffe fon fait fera bien tard.

74.

Naples, Florence, Favence, & Imole,
Seront en termes de telles fafcherie,
Que pour complaire aux malheureux de Noie
Plaint d'avoir fait à fon chef moquerie.

75.

Pau, Veronne, Vincence, Sarragouffe,
De glaives loings, terroirs de fang humides :
Pefte fi grande viendra à la grand gouffe
Proches fecours & bien loing les remedes.

76.

En Germanie naiftrant diverfes fectes,
S'approchant fort de l'heureux paganifme,
Le cœur captif, & petites receptes
Feront retour à payer le vray difme.

77.

Le tiers climat fous Aries comprins,
L'au mil fept cens vingt & fept en Octobre,
Le Roy de Perfe par ceux d'Egypte prins,
Conflit, mort, perte, à la croix grand opprobre.

78.

Le chef d'Efcoffe, avec fix d'Alemagne,
Par gens de mer Orientaux captifs,
Traverferont le Calpre & Efpagne,
Prefent en Perfe au nouveau Roy erainuf.

79.

L'ordre fatal fempiternel par chaine,
Viendra tourner par ordre confequent :

Du

Du port Phocen fera rompuë la chaine ,.
La cité prinfe l'ennemy quant & quant.

81.

Du regne Anglois l'indigne dechaſſer ,
Le conſeiller par ire mis à feu :
Ses adherans iront ſi bas traſſer ,.
Que le baſtard fera demy receu.

81.

Le grand criard fans honte audacieux ,
Sera eſleu gouverneur de l'armée ,
A l'hardieſſe de ſon contentieux
Le pont rompu , Cité de peur paſmée.

82.

Freins , Antibol , villes autour de Nice ,
Seront vaſtées , fort par mer & par terre ,
Les ſauterelles terre & mer vent propice ,
Prins , morts , trouſſez , pillez fans loy de guerre.

83.

Les longs cheveux de la Gaule Celtique ,
Accompagnez d'eſtranges nations ,
Mettront captif la gent Aquitanique ,
Pour ſuccomber à leurs intentions.

84.

La grand cité fera bien deſolée ,
Des habitans un ſeul ny demourra ,
Mur , ſexe , temple , & vierge violée ,
Par fer , feu , peſte, canon , peuple mourra.

85.

La Cité prinſe par tromperie & fraude ,
Par le moyen d'un beau jeune attrappé ,
L'aſſaut donné , Raubine pres de L'AUDE ,.
Luy & tous morts pour avoir bien trompé.

86.

Un chef d'Auſonne aux Eſpagnes ira ,.
Par mer fera arreſt dedans Marſeille ,
Avant ſa mort un long temps languira ,
Apres ſa mort l'on verra grand merveille.

87.

Claſſe Gauloiſe n'approche de Corſeigne ,
Moins de Sardaigne tu t'en repentiras ,.

B 7   Treſtous.

Treftous mourrez fruftrez de l'aide grogne,
Sang nagera captif ne me croiras.

88.

De Barcelone par mer fi grande armée,
Toute Marfeille de frayeur tremblera,
Ifles faifies, de mer ayde fermée,
Ton traditeur en terre nagera.

89.

En ce temps là fera fruftré Cypres.
De fon fecours de ceux de mer Egée.
Vieux trucidez, mais par mafles & lyphres,
Seduict leur Roy, Royne plus outragée.

90.

Le grand Satyre & Tygre d'Hycarnie;
Don prefenté à ceux de l'Occean :
Un chef de claffe iftra de Carmanie,
Qui prendra terre au Tyrran Phocean.

91.

L'arbre qu'eftoit par fi long temps feché,
Dans une nuict viendra à reverdir :
Cron, Roy malade, prince pied eftaché,
Craint d'ennemis fera voile bondir.

92.

Le monde proche du dernier periode,
Saturne encor tard fera de retour :
Tranflat empire nation Brodde :
L'œil arraché à Narbon par autour.

93.

Dans Avignon tout le chef de l'empire,
Fera appreft pour Paris defolé :
Tricaft tiendra l'Annibalique ire,
Lyon par change fera mal confolé.

94.

De cinq cens ans plus compte l'on tiendra,
Celuy qu'eftoit l'ornement de fon temps :
Puis à un coup grande clarté donrra,
Que par ce fiecle les rendra trefcontens.

95.

La loy Moricque on verra deffaillir,
Apres une autre beaucoup plus feductive,

Bori-

Boristhenes premier viendra faillir,
Par dons & langues une plus attractive,

96.

Chef de Fossan aura gorge couppée,
Par le ducteur du lumier & levrier :
Le fait paré par ceux du mont Tarpée,
Saturne en leo treziesme Feurier.

97.

Nouvelle loy terre neuve occuper,
Vers la Syrie, Judée, & Palestine,
Le grand Empire Barbare corruer,
Avant que Phebes son siecle determine.

98.

Deux Royals freres si fort guerroyeront.
Qu'enrreux fera la guerre si mortelle,
Qu'un chacun places fortes occuperont,
De regne & vie fera leur grand querelle.

99.

Aux chams herbeux d'alein & du Varneigne,
Du mont Lebron proche de la Durance
Camp des deux parts conflit fera si aigre,
Mesopotamie deffaillira en la France.

100.

Entre Gaulois le dernier honoré,
D'homme ennemy fera victorieux,
Force & terroir en moment exploré,
D'un coup de trait quand mourra l'envieux.

LES

LES VRAYES CENTURIES

ET PROPHETIES

De Maiſtre MICHEL NOSTRADAMUS.

CENTURIE QUATRIEME.

1.

Ela du reſte de ſang non eſpan-
du,
Venise quiert ſecours eſtre donné,
Apres avoir bien long temps attendu,
Cité livrée au premier cornet
ſonné.

2.

Par mort la France prendra voyage à faire,
Claſſe par mer, marcher monts Pyrenées,
Eſpagne en trouble, marcher gent militaire,
De plus grand, dames en France emmenées.

3.

d'Arras & Bourges de Brodes grands enſeignes
Un plus grand nombre de Gaſcons battre à pied,
Ceux long du Roſne ſaigneront les Eſpagnes,
Proche du mont ou Sagonte s'aſſied.

4.

L'impotent prince faſché, plaints & querelles,
De raps & pilles par coqs & par lybiques
Grand eſt par terre, par mer infinies voilles,
Seure Italie ſera chaſſant Celtiques.

5.

Croix paix ſoubs un, accomply divin verbe,
Eſpaigne & Gaule ſeront unis enſemble,
Grand clade proche, & combat treſacerbe,
Cœur ſi hardy ne ſera qui ne tremble.

6.

D'habits nouveaux apres faicte la treuve,
Malice tramme & machination :

Pre-

Premier mourra qui en fera la preuve,
Couleur Venise infidiation.

7.

Le mineur fils du grand & hay prince,
De lepre aura à vingt ans grande tache :
De dueil sa mere mourra bien triste & mince,
Et il mourra là où tombe chef lasche.

8.

La grand cité d'assaut promt & repentin,
Surprins de nuict, gardes interrompus :
Les excubies & veilles saint Quintin,
Trucidez gardes & les portails rompus.

9.

Le chef du camp au milieu de la presse,
D'un coup de flesche sera blessé aux cuisses,
Lors que Geneve en larmes & en detresse
Sera trahy par Lozan & Souysses.

10.

Le jeune Prince accusé faussement,
Mettra en trouble le camp & en querelles :
Meurtry le chef pour le soustement,
Sceptre appaiser, puis guerir escrouelles.

11.

Celui qu'aura couvert de la grand cappe,
Sera induit à quelque cas patrer :
Le douze rouges viendront souiller la nape,
Soubs meurtre, meurtre se viendra perpetrer,

12.

Le camp plus grand de route mis en fuite,
Gueres plus outre ne sera pourchassé :
Ost recampé & region reduicte,
Puis hors de Gaule du tout sera chassé.

13.

De plus grand perte nouvelles rapportées,
Le rapport fait le camp s'eslongnera :
Bandes unies encontre revoltées,
Double phalange grand abandonnera.

14.

La mort subjette du premier personnage,
Aura changé & mis un autre au regne :

Tost,

Tost , tard venu a si haut & bas aage ,
Que terre & mer faudra qu'on le craingne.

15.

D'où pensèra faire venir famine ,
De là viendra le rassasiement :
L'œil de la mer par avare canine ,
Pour de l'un l'autre donra huille froment.

16.

La Cité franche de liberté fait serve ,
Des profligez & resveurs fait azyle :
Le Roy changé , à eux non si proterve ,
De cent seront devenus plus de mille.

17.

Changer à Beaune , Nuy, Chaalon, Dijon
Le duc voulant amender la Barrée ,
Marchant pres fleuve , poisson , bec de Plongeon ,
Verra la queuë : porte sera serrée.

18.

Des plus lettrez dessus les faits celestes
Seront par princes ignorans reprouvez ,
Punis d'edit , chassez comme sceleftes ,
Et mis à mort là où seront trouvez.

19.

Devant Roüan d'Insubres mis se siege ,
Par terre & mer enfermez les passages ,
D'Haynaut : & Flandres de Gand & ceux de Liege ,
Par dons levées raviront les rivages.

20.

Paix uberté long temps Dieu loüera
Par tout son regne desert la fleur de lis ,
Corps morts d'eau , terre là l'on apportera ,
Sperant vain heur d'estre là ensevelis.

21.

Le changement sera fort difficile ,
Cité , province au change gain sera ,
Cœur haut , prudent mis , chassé luy habile
Mer , terre , peuple , son estat changera.

22.

La grand copie qui sera dechassée
Dans un moment sera besoin au Roy ,

La

La foy promife de loing fera fauffée,
Nud fe verra en piteux defarroy.

23.

La legion dans la marine claffe
Calcine, Magne, fouphre & poix bruflera,
Le long repos de l'afleurée place,
Port Selin, Hercle feu les confumera,

24.

Ouy fous terre fainɛte d'ame, voix fainte
Humaine flamme pour divine veoir luire,
Fera des feuls de leur fang terre tainte,
Et les faints temples pour les impurs deftruire.

25.

Corps fublimes fans fin à l'œil vifibles,
Obnubiler viendra par fes raifons,
Corps, front comprins, fens, chef & invifibles,
Diminuant les facrées oraifons.

26.

Lou grand eyffame le levera d'albelhos,
Que non fauran don, te fignen venguddos,
Denech l'emboufq, fou gach fous las tail hos,
Ciutat trahido per cinq leugos non nudos.

27.

Salon, Manfol, Tarafcon de S E X. l'arc,
Où eft debout encor la pyramide :
Viendront livrer le prince Dannemarc,
Rachapt honny au prince d'Artamide.

28.

Lors que Venus du Sol fera couvert :
Soubs l'efplendeur fera fórme occulte :
Mercure au feu les aura defcouvert,
Par bruit bellique fera mis à l'infulte.

29.

Le Sol caché ecclipfé par Mercure,
Ne fera mis que pour le ciel fecond :
De Vulcan Hermes fera faite pafture,
Sol fera veu pur rutilant & blond.

30.

Plus onze fois Luna Sol ne voudra,
Tous augmentez & baiffez de degré :

Et

Et fi bas mis que peu or l'on coudra,
Qu'apres faim, pefte, decouvert le fecret.

31.

La lune au plain de nuict fur le haut mont
Le nouveau fophe d'un feul cerveau l'a veu,
Par fes difciples eftre immortel femond,
Yeux au midy, en fens mains corps au feu.

32.

Es lieux & temps chair au poiffon donra lieu,
La loy commune fera faite au contraire,
Vieux tiendra fort, puis ofté du milieu,
Le Pantacoina Philon mis fort arriere.

33.

Jupiter joint plus Venus qu'a la Lune,
Apparoiffant de plenitude blanche :
Venus cachée fous la blancheur Neptune,
De Mars frappée, par la grande branche.

34.

Le grand mené captif d'eftrange terre,
D'or enchainé au Roy CHYREN offert :
Qui dans Aufone, Milan perdra la guerre,
Et tout fon oft mis à feu & à fer.

35.

Le feu eftaint les vierges trahiront,
La plus grand part de la bande nouvelle ;
Foudre à fer, lance les feuls Roy garderont,
Etrufque & Corfe de nuict gorge allumelle.

36.

Les jeux nouveaux en Gaule redreffez.
Apres victoire de l'Infubre champaigne,
Monts d'Efperie, les grands liez trouffez,
De peur trembler la Romaine & l'Efpagne.

37.

Gaulois par fauts, monts viendra penetrer,
Occupera le grand lieu de l'Infubre :
Au plus profond fon oft fera entrer,
Gennes, Monech poufferont claffe rubre.

38.

Pendant que Duc, Roy, Royne occupera,
Chef Bizantin captif en Samothrace :

Avant

Avant l'aſſaut l'un l'autre mangera ,
Rebours ferré ſuyvra de ſang la trace.

39.

Les Rodiens demanderont ſecours ,
Par le neglet de ſes hoirs delaiſſée ,
L'empire Arabe revalera ſon cours ,
Par Heſperies la cauſe radreſſée.

40.

Les fortereſſes des aſſiegez ferrez ,
Par poudre à feu profondes en abyſme :
Les prediteurs feront tous vifs ſerrez ,
Onc aux Sacriſtes n'advint ſi piteux ſciſme.

41.

Gymnique ſexe captive par hoſtage ,
Viendra de nuict cuſtodes decevoir :
Le chef du camp deceu par ſon lignage ,
Lairra le genre , fera piteux avoir.

42.

Geneve & Langres par ceux de Chartre & Dolle.
Et par Grenoble captif au Montlimart
Seyſſet , Lauſanne par fraudulente dole ,
Les trahyront par or ſoixante marc.

43.

Seront ouys au Ciel les armes batre ,
Celuy au meſme les divins ennemis ,
Voudront loix ſainctes injuſtement debatre ,
Par foudre & guerre bien croyants à mort mis.

44.

Deux gros de Mende de Rhodes & Milhau ,
Cahors, Lymoges , Caſtres malo ſepmano ,
De nuech l'intrado , de Bordeaux un cailhau ,
Par Perigort au toc de la Campano.

45.

Par conflit Roy , regne abandonnera ,
Le plus grand chef faillira au beſoing ,
Morts profligez , peu en rechappera ,
Tous deſtrangez , un en ſera teſmoing.

46.

Bien deffendu le fait par excellence.
Garde toy Tours de ta proche ruyne :

Londres

Londres & Nantes par Reims fera deffence,
Ne paffez outre au temps de la bruyne.

47.

Le noir farouche quand aura effayé,
Sa main fanguine par feu, fer, arcs tendus,
Treftout le peuple fera tant effrayé,
Voir les plus grands par col & pieds pendus.

48.

Planure, Aufonne fertille, fpacieufe,
Produira taons & tant de fauterelles,
Clarté folaire deviendra nubileufe,
Ranger le tout, grand pefte venir d'elles.

49.

Devant le peuple fang fera refpandu,
Que du haut ciel ne viendra eflongner ;
Mais d'un long-temps ne fera entendu,
L'efprit d'un feul le viendra tefmoigner.

50.

Libra verra regner les Hefperies,
De ciel & terre tenir la Monarchie,
D'Afie forces nul ne verra peries,
Que fept ne tiennent par rang la Hierarchie.

51.

Ve Duc cupide fon ennemy enfuyvre,
Dans entrera empefchant la phalange,
Haftez à pied fi pres viendront pourfuyvre,
Que la journée conflite pres de Gange.

52.

En cité obfeffe aux murs hommes & femmes
Ennemys hors le chef preft à foy rendre :
Vent fera fort encontre les genf-d'armes,
Chaffez feront par chaux, pouffiere & cendre.

53.

Les fugitifs & bannis revoquez,
Peres & fils grand garniffant les haut puits :
De cruel pere & les fiens fuffoquez,
Son fils plus pire fubmergé dans le puits.

54.

Du nom qui oncquez ne fut au Roy Gaulois,
Jamais ne fuft un fouldre fi craintif,

Trem-

Tremblant l'Italie l'Efpagne & les Anglois,
De femme eftrange grandement attentif.

55.

Quand la Corneille fur tour de brique jointe,
Durant fept heures ne fera que crier,
Mort prefagée de fang ftatuë tainte,
Tyran meurtry, aux Dieux peuple prier.

56.

Apres victoire de rabieufe langue,
L'efprit tempté en tranquil & repos :
Victeur fanguin par conflit fait harangue,
Roftir la langue & la chair & les os.

57.

Ignare envie du grand Roy fupportée,
Tiendra propos deffendre les efcrits :
Sa femme non femme par un autre tentée,
Plus double deux, ne feront fort ne cris.

58.

Soleil ardant dans le gofier couler,
De fang humain arrofer terre Etrufque :
Chef feille d'eau, mener fon fils filer,
Captive dame conduite en terre Turque.

59.

Deux affiegez en ardante fureur,
De foif eftaints dedans deux plaines taffes ;
Le fort limé & un vieillard refueur,
Aux Genevois de Nira monftra traffes,

60.

Les fept enfans en hoftage laiffez,
Le tiers viendra fon enfant trucider :
Deux par fon fils feront d'eftoc percez,
Gennes, Florence, lors viendra circonder.

61

Le vieux mocqué, & privé de fa place,
Par l'eftranger qui le fubornera :
Mains de fon fils mangées devant fa face
Les freres à Chartres, Orleans, Rouen trahira.

62.

Un coronel machine ambition,
Se faifira de la plus grande armée :

Contre

Contre ſon prince feinte invention ,
Et deſcouvert ſera ſous la ramée.

63.

L'armée Celtique contre les montagnars ,
Qui ſeront ſceus & prins à la lipée:
Payſans freſz pouſeront toſt faugnars ,
Precipitez tous au fil de l'eſpée.

64.

Le deffaillant en habit de bourgeois ,
Viendra le Roy tenter de ſon offence :
Quinze ſoldats la plus part Uſtagois ,
Vie derniere & chef de ſa chevance.

65.

Au deſerteur de la grand forterefle ,
Apres qu'aura ſon lieu abandonné :
Son adverſaire fera ſi grand proüeſſe ,
L'empereur toſt mort ſera condamné.

66.

Soubs couleur feinte de ſept teſtes raſées ,
Seront ſemez divers explorateurs :
Puyts & fontaines de poyſon arrouſées ,
Au fort de Gennes humains devorateurs.

67.

L'an que Saturne & Mars eſgaux combuſt ,
L'air fort ſeiché , longue trajection :
Par feux ſecrets , d'ardeur grand lieu aduſt
Peu pluye , vent , chaud , guerres , incurſions.

68.

En l'an bien proche eſlongné de Venus ,
Les deux plus grands de l'Aſie & d'Affrique :
Du Rin & Hiſter , qu'on dira ſont venus ,
Cris , pleurs à Malte & coſté Lyguſtique.

69.

La cité grande les exilez tiendront ,
Les citadins morts meurtris & chaſſez :
Ceux d'Aquilée à Parme promettront ,
Monſtrer l'entrée par les lieux non traſſez.

70.

Bien contigu des grands monts Pyrenées ,
Un contre l'àigle grand copie addreſſer :

Ouver-

Ouvertes vaines, forces exterminées,
Que jufque à Pau, le chef viendra chaffer.

71.

En lieu d'efpoufe les filles trucidées,
Meutre à grand faute ne fera fuperftite :
Dedans fes puys veftules inondées,
L'efpoufe eftainte par haufte d'Aconite.

72.

Les Artomiques par Agen & Lectore,
A faint Felix feront le parlement,
Ceux de Bafas viendront à la malheure,
Saifir Coudom & Marfan promptement.

73.

Le nepveu grand par forces prouverà,
Le pache fait en cœur pufillanime :
Ferrare & Aft le Duc efprouvera,
Par lors qu'au foir fera la pantomime.

74.

Du lac Leman & ceux de Brannonices,
Tous affemblez contre ceux d'Aquitaine,
Germains beaucoup encore plus Souyffes,
Seront defaicts avec ceux du Maine.

75.

Preft à combattre fera defection,
Chef adverfaire obtiendra la victoire :
L'arriere garde fera defenfion
Les deffaillans mort au blanc territoire.

75.

Les Nictobriges par ceux de Perigort,
Seront vexez tenant jufques au Rofne :
L'affocié de Gafcons & Begorne
Trahir le temple, le preftre eftant au profne.

77.

Selin monarque, l'Italie pacifique,
Regnes unis par Roy Chreftien du monde :
Mourant voudra coucher en terre belgique
Apres pyrates avoir chaffé de l'onde.

78.

La grand armée de la pugne civille,
Pour de nuict Parme à l'eftrange trouvée

C   Sep-

Septante neuf meurtris dedans la ville ,
Les estrangers passez tous à l'espée.

79.

Sang Royal fuis Monthurt, Mas, Eguillon,
Remplis seront de Bourdelois les Landes,
Navarre, Bygorre, pointes & eguillons,
Profonds de faim vorer de Liege glandes.

80.

Pres du grand fleuve grand fosse terre egeste
En quinze parts sera l'eau divisée :
La cité prinse, feu, sang, cris, conflit meste,
Et la plus part concerne au collisée.

81.

Pont on fera promptement de nacelles,
Passer l'armée du grand prince Belgique :
Dans profondrez & non loing de Bruxelles
Outre passez, destrenchez sept à picque.

82.

Amas s'approche venant de Sclavonie,
L'Olestant vieux cité ruynera :
Fort desolée verra sa Romanie,
Puis la grand flamme estaindre ne sçaura.

83.

Combat nocturne le vaillant capitaine
Vaincu fuyra, peu de gens profligez :
Son peuple esmeu sedition non vaine,
Son propre fils le tiendra assiegez.

84.

Un grand d'Auxerre mourra bien miserable
Chassé de ceux qui soubs luy ont esté,
Serré de chaisnes, apres d'un rude cable,
En l'an que Mars Venus, Sol joints esté.

85.

Le charbon blanc du noir sera chassé,
Prisonnier fait mené au tumbereau,
More Chameau sus pieds entrelassé,
Lors le puisné filera l'aubereau.

86.

L'an que Saturne en eau sera conjoinct,
Avecques Sol, le Roy fort & puissant,

A Reim s

A Reims & Aix sera receu & oingt,
Apres conquestes meurtrira innocent.

87.

Un fils du Roy tant de langues aprins
A son aisné au regne different,
Son pere beau au plus beau fils comprins,
Fera perir principal adherent.

88.

Le grand Anthoine du moindre fait sordide
De Phytriase à son dernier rongé,
Un qui de plomp voudra estre cupide,
Passant le port d'esleu sera plongé.

89.

Trente de Londres secret conjureront,
Contre leur Roy sur le pont l'entreprinse,
Luy, satellites la mort degousteront,
Un Roy esleu blond, & natif de Frize.

90.

Les deux copies aux murs ne pouront joindre
Dans cest instant trembler Milan, Ticin :
Faim, soif, doutance si fort les viendra poindre
Chair, pain, ne vivres, n'auront un seul boucin.

91.

Au Duc Gaulois contrainct battre au duelle,
La nef Mole Monech n'approchera :
Tort accusé, prison perpetuelle,
Son fils regner avant mort taschera.

92.

Teste trenchée du vaillant Capitaine,
Sera jetté devant son adversaire,
Son corps pendu de sa classe à l'antenne,
Confus fuira par rame à vent contraire.

93.

Un serpent veu proche du lict Royal,
Sera par dame, nuict chiens n'abbayeront :
Lors naistre en France un Prince tant loyal
Du Ciel venu tous les princes verront.

94.

Chassez seront deux grands freres d'Espaigne
L'aisné vaincu soubs les monts Pyrennées :

Rou-

Rougir mer, Rofne fang Leman d'Alemagne,
Narbon, Blyterres, d'Ath, contaminées.

95.

Le regne à deux laifé bien peu tiendront,
Trois ans fept mois paffez feront la guerre :
Les deux veftales contre rebelleront,
Victor puis nay en Armonique terre.

96.

La fœur aifnée de l'Ifle Britannique,
Quinze ans devant le frere aura naiffance,
par fon promis moyennant verrifique,
Succedera au regne de Balance.

97.

L'an que Mercure, Mars, Venus retrograde,
Du grand Monarque la ligne ne faillir,
Efleu du peuple Lufitain pres de Graulade,
Qu'en regne & paix vindra fort enviellir.

98.

Les Albanois pafferont dedans Rome,
Moyennant Langres demiples affublez,
Marquis & Duc ne pardonner à homme,
Feu, fang morbilles, point d'eau, faillir les bleds.

99.

L'aifné vaillant de la fille du Roy,
Repouffera fi avant les Celtiques,
Qu'il mettra foudre, combien en tel arroy,
Peu & loing, puis profond és Hefperiques.

100.

De feu celefte au Royal edifice,
Quand la lumiere du Mars deffaillira,
Sept mois grand' guerre, mort gent de malefice,
Roven, Evreux, au Roy ne faillir.

LES

LES VRAYES CENTURIES

ET PROPHETIES

De Maistre MICHEL NOSTRADAMUS.

CENTURIE CINQUIEME.

1.

Vant venuë de ruyne Celtique,
Dedans le temple deux parlemen-
    teront,
Poignart cœur, d'un monté au
    coursier & pique
Sans faire bruit le grand enterre-
    ront.

2.

Sept conjurez au banquet feront luire,
Contre les trois le fer hors de navire,
L'un les deux classes au grand fera conduire,
Quand par le mal dernier au front luy tire.

3.

Le successeur de la Duché viendra,
Beaucoup plus outre que la mer de Toscane,
Gauloise branche la Florence tiendra,
Dans son giron d'accord nautique Rane.

4.

Le gros mastin de cité dechassé
Sera fasché de l'estrange alliance,
Apres aux champs avoir le cerf chassé,
Le loup & l'ours se donront defiance.

5.

Sous ombre saincte d'oster de servitude
Peuple & cité l'usurpera luy-mesme,
Pire fera par faux de jeune pute,
Livré au champ lisant le faux proesme.

6.

Au Roy l'augure sur le chef la main mettre,
Viendra prier pour la paix Italique :

       A la

A la main gauche viendra changer de Sceptre,
De Roy viendra Empereur pacifique.

7.

Du triumvir feront trouvez les os,
Cerchant profond trefor enigmatique :
Ceux d'alentour ne feront en repos,
De concaver marbre & plomb metallique.

8.

Sera laiffé feu vif, & mort caché,
Dedans les globes horrible efpouventable
De nuict à claffe cité en poudre laché,
La cité à feu, l'ennemy favorable.

9.

Iufques au fond de la grand arq demoluë,
Par chef captif l'amy anticipé,
Naiftra de dame front face cheveluë,
Puis par aftuce Duc à mort attrappé.

10.

Un chef Celtique dans le conflit bleffé,
Aupres de cave voyant fiens mort abbatre :
De fang & playes & d'ennemis preffé,
Et fecours par incogneuz de quatre.

11.

Mer par folaires feure ne paffera,
Ceux de Venus tiendront toute l'Affrique :
Leur regne plus Saturne n'occupera,
Et changera la part Afiatique.

12.

Aupres du Lac Leman fera conduite,
Par garfe eftrange cité voulant trahir,
Avan fon meurtre à Ausbourg la grand fuitte,
Et ceux du Rhin la viendront invahir.

13.

Par grand fureur le Roy Romain Belgique,
Vexer voudra par phalange barbare :
Fureur grinçant chaffera gent Lybique
Depuis Pannons jufqu' Hercules la hare.

14.

Saturne & Mars en Leo Efpagne captive,
Par chef Lybique au conflit attrapé :

Proche

Proche de Malte, Herod de prinſe vive,
Et Romain ſceptre ſera par Coq frappé.

15.

En navigant captif prins grand pontife ;
Grand apres faillir les clercs tumultuez :
Second eſleu abſent ſon bien debiſe,
Son favory baſtard à mort tué.

16.

A ſon haut prix plus la lerme Sabée,
D'humaine chair pour mort en cendre mettre,
A l'iſle Pharos par Creiſars perturbée,
Alors qu'a Rodes paroiſtra dure eſpeɛtre.

17.

De nuiɛt paſſant le Roy pres d'une Androne
Celuy de Cypres & principal guette,
Le Roy fally la main fuit long du Roſne,
Les conjurez l'iront à la mort mettre.

18.

De dueil mourra l'infelix profligé,
Celebrera ſon viɛtrix l'hecatombe :
Priſtine loy, franc Ediɛt redigé,
Le mur & Prince au ſeptieſme jour tombe.

19.

Le grand Royal d'or, d'airain augmenté,
Rompu la pache, par jeune ouverte guerre,
Peuple affligé par un chef lamenté,
De ſang barbare ſera couverte terre.

20.

Delà les Alpes grand armée paſſera,
Un peu devant naiſtra monſtre vapin :
Prodigieux & ſubit tournera,
Le grand Toſean à ſon lieu plus propin,

21.

Par le treſpas du Monarque latin,
Ceux qu'il aura par regne ſecourus :
Le feu luyra, diviſé le butin,
La mort publique aux hardis incourus,

22.

Avant qu'a Rome grand aye rendu l'ame,
Effrayeur grande à l'armée eſtrangere :

Par escadrons l'embusche pres de Parme,
Puis les deux rouges ensemble feront chere.

23.

Les deux contents seront unis ensemble
Quant la pluspart à Mars sera conjoinct :
Le grand d'Affrique en effrayeur & tremble,
DUUMVIRAT par la classe desioint.

24.

Le regne & loy soubs Venus eslevé,
Saturne aura sus Iupiter empire :
La loy & regne par le Soleil levé,
Par Saturnins endurera le pire :

25.

Le prince Arabe, Mars, Sol, Venus, Lyon,
Regne d'Eglise par mer succombera.
Devers la Perse bien pres d'un million,
Bisance, Egypte, ver . serp. invadera.

26.

La gent esclave par un heur martial,
Viendra en haut degré tant eslevé :
Changeront prince, naistra un provincial,
Passer la mer copie aux monts levé.

27.

Par feu & armes non loing de la mar negro,
Viendra de Perse occuper Trebisonde :
Trembler Pharos, Methelin, Sol alegro,
De sang Arabe d'Adrie couvert onde.

28.

Le bras pendu & la jambe liée.
Visage pasle au sein poignard caché :
Trois qui seront jurez de la meslée,
Au grand de Gennes sera le fer lasché.

29.

La liberté ne sera recouvrée,
L'occupera noir, fier, vilain inique :
Quand la matiere du pont sera ouvrée,
D'Hister, Venise faschée la republique.

30.

Tout à l'entour de la grande cité,
Seront soldats logez par champs & ville,

Don-

Donner l'affaut Paris, Rome incité,
Sur le pont lors fera faicte grand pille,

31.

Par terre Attique chef de la fapience,
Qui de prefent eft la rofe du monde :
Pour ruyné & fa grand preeminence,
Sera fubdite & naufragé des ondes.

32.

Ou tout bon eft, tout bien Soleil & Lune,
Eft abondant, fa ruyne s'approche,
Du ciel s'advance de vaner ta fortune,
En mefme eftat que la feptiefme roche.

33.

Des principaux de cité rebellée
Qui tiendont fort pour liberté ravoir :
Detrencher mafles infelice meflée,
Cris, hurlemens à Nantes ; piteux voir.

34.

Du plus profond de l'occident Anglois.
Ou eft le chef de l'ifle Britannique :
Entrera claffe dans Gyronde par Blois,
Par vin & fel, feux cachez aux barriques.

35.

Par cité franche de la grand mer Seline,
Qui porte encore à l'eftomach la pierre :
Angloife claffe viendra fous la bruine,
Un rameau prendre du grand ouverte guerre.

36.

De fœur le frere par fimulte faintife,
Viendra mefler rofee en myneral .
Sur la placente donne à vieille tardive,
Meurt le gouftant fera fimple & rural.

37.

Trois cens feront d'un vouloir & accord,
Que pour venir aù bout de leur attainte :
Vingt mois apres tous feront & records,
Leur Roy trahir fimulant haine fainte.

38.

Ce grand monarque qu'au mort fuccedera.
Donnera vie illicite & lubrique :

Par nonchalance à tous concedera,
Qu'a la parfin faudra la loy Salique.

39.

Du vray rameau des fleurs de lys yſſu,
Mis & logé heritier d'Hetrurie :
Son ſang antique de longue main yſſu,
Fera Florence florir en l'armoirie,

40.

Le ſang royal ſera ſi treſmeſlé,
Contrainct ſeront Gaulois de l'Heſperie :
On attendra que terme ſoit coulé,
Et que memoire dela voix ſoit perie.

41.

Nay ſous les umbres & journée nocturne
Sera en regne & bonté ſouveraine,
Fera renaiſtre ſon ſang de l'antique urne,
Renouvellant ſiecle d'or pour l'airain,

42.

Mars eſlevé en ſon plus haut beffroy,
Fera retraire les Allobrox de France :
La gent Lombarde fera ſi grand effroy,
A ceux de l'Aigle compris ſous la Balance.

43.

La grand ruyne des ſacrez ne s'eſlongne,
Provence, Naples, Sicile, Seez & Ponce :
En Germanie, au Rin & à Cologne,
Vexez à mort par tous ceux de Magonce.

44.

Par mer le rouge ſera prins des pyratès,
La paix ſera par ſon moyen troublée :
L'ire & l'avare commettra par ſainct acte,
Au grand Pontife ſera l'armee doublée.

45.

Le grand Empire ſera toſt deſolé,
Et tranſlaté pres d'arduenne ſilve :
Les deux baſtards pres l'aiſné decollé,
Et regnera Aeneodarb, nez de milve.

46.

Par chappeaux rouges querelles & noveaux ſciſ-
Quant on aura eſleu le Sabinois,   (mes
                                                     On

On produira contre luy grands sophismes,
Et sera Rome lesée par Albanois.

47.

Le grand Arabe marchera bien avant,
Trahy sera par les Bisantinois.
L'antique Rodes luy viendra au devant,
Et plus grand mal par autre Pannonois.

48.

Apres la grande affliction du sceptre,
Deux ennemis par eux seront deffaits,
Classe d'Affrique aux Pannons viendra naistre,
Par mer & terre feront horribles faits.

49.

Nul de l'Espagne mais de l'antique France,
Ne sera esleu pour le tremblant nacelle :
A l'ennemy sera faicte fiance,
Qui dans son regne sera peste cruelle.

50.

L'an que les freres du lys seront en aage,
L'un d'eux tiendra la grande Romanie,
Trembler les monts, ouvert Latin passage,
Pache marcher contre fort d'Armenie.

51.

La gent de Dace, d'Angleterre & Polonne,
Et de Boësme feront nouvelle ligue :
Pour passer outre d'Hercules la colonne,
Barcins, Tyrrens desser cruelle brigue.

52.

Un Roy sera qui donra l'opposite,
Les exilez eslevez sur le regne :
De sang nager la gent caste hypolite,
Et florira long temps celle enseigne.

53.

La loy de Sol, & Venus contendans,
Appropriant l'esprit de prophetie :
Ne l'un ne l'autre ne seront entendans,
Par Sol tiendra la loy du grand Messie :

54.

Du pont Euxine & la grand Tartarie,
Un Roy sera qui viendra voir la Gaule,

C 6   Trans-

Tranſpercera Alane & l'Armenie,
Et dans Biſance lairra ſanglante gaule.

55.

De la felice Arabie contrade,
Naiſtre puiſſant de loy Mahometique :
Vexer l'Eſpagne, conqueſter la Grenade,
Et plus par mer à la gent Lyguſtique.

56.

Par le treſpas du tres-vieillard pontife,
Sera eſleu Romain de bon aage :
Qu'il ſera dit que le Siege debiffe
Et long tiendra & de picquant ouvrage.

57.

Iſtra du mont Gaulſier & Aventin,
Qui par le trou advertira l'armée :
Entre deux rocs ſera prins le butin,
De Sext. manſol faillir la renommée.

58.

De l'aqueduct d'Uticenſe, Gardoing,
Par la foreſt & mont inacceſſible :
Emmy du pont ſera tranſché au poing,
Le chef Nemans qui tant ſera terrible.

59.

Au chef Anglois à Nimes trop ſejour,
Devers l'Eſpagne au ſecours Ænobarbe,
Pluſieurs mourront par Mars ouvert ce jour.
Quand en Artois faillir eſtoille en barbe.

60.

Par teſte raſe viendra bien mal eſlire,
Plus que ſa charge ne porte paſſera :
Si grand fureur & rage fera dire,
Qu'à feu & ſang tout ſexe tranchera.

61.

L'enfant du grand n'eſtant à ſa naiſſance,
Subjuguera les hauts monts Apennins,
Fera trembler tous ceux de la Balance,
Et des monts feux juſques à Mont ſenis.

62.

Sur les rochers ſang on verra plouvoir,
Sol, Orient, Saturne Occidental,

Pres

Prend'Orgon guerre, à Rome grand mal voir,
Nefs parfondées & prins le Tridental.

63.

De vaine emprinfe l'honneur induë plainte,
Gallots errants, par latins, froid, faim vagues,
Non loing du Tymbre de fang la terre tainte
Et fur humains feront diverfes plagues.

64.

Les affemblez par repos du grand nombre,
Par terre & mer, confeil contremandé :
Pres de l'Automne, Gennes, Nice de l'ombre,
Par champs & villes le chef contrebandé.

65.

Subit venu l'effrayeur fera grande,
Des principaux de l'affaire cachez :
Et dame en braife plus ne fera en veuë,
De peu à peu feront les grands fafchez.

66.

Soubs les antiques edifices veftaux,
Non éloignez de l'aqueduct ruyné,
De Sol & Lune font les luyfans metaux,
Ardante lampe Trajan d'or buriné.

67.

Quand chef Perouffe n'ofera fa tunique,
Sans au couvert tout nud s'expolier,
Seront prins fept faict Ariftocratique,
Le pere & fils morts par poincte au collier.

68.

Dans le Dannube & du Rin viendra boire,
Le grand Chameau, ne s'en repentira :
Trembler du Rofne & plus fort ceux de Loire,
Et pres des Alpes Coq les ruynera.

69.

Plus ne fera le grand en faux fommeil,
L'inquietude viendra prendre repos :
Dreffer phalange d'or, azur & vermeil,
Subjuger Affrique la ronger jufques aux os.

70.

Des regions fubjettes à la Balance,
Feront troubler les monts par grande guerre :

Captif

Captif tout fexe deu & toute Bifance ,
Qu'on criera à l'aube terre à terre.

71.

Par la fureur d'un qui attendra l'eau ,
Par la grand rage tout l'exercice efmeu ,
Chargé de nobles à dix-fept barreaux ,
Au long du Rofne tard meffager venu.

72.

Pour le plaifir d'Edict voluptueux ,
On meflera la poifon dans la loy :
Venus fera en cours fi vertueux ,
Qu'offufquera du Soleil tout aloy.

73.

Perfecutée de Dieu fera l'Eglife ,
Et les faints temples feront expoliez :
L'enfant la mere mettra nud en chemife ,
Seront Arabes aux Polons raliez.

74.

De fang Troyen naiftra cœur Germanique ,
Qui deviendra en fi haute puiffance ,
Hors chaffera gent eftrange Arabique ,
Tournant l'Eglife en priftine préeminence.

75.

Montera haut fur le bien plus à dextre ,
Demourera affis fur la pierre carrée :
Vers le midy pofé à fa feneftre ,
Bafton tortu en main , bouche ferrée.

76.

En lieu libre tendra fon pavillon ,
Et ne voudra en citez prendre place :
Aix , Carpen , l'Ifle volce , mont Cavaillon
Par tout les lieux abolira la traffe.

77.

Tous les degrez d'honneur Ecclefiaftique ,
Seront changez en dial quirinal :
En Martial quirinal flaminique ,
Un Roy de France le rendra vulcanal.

78.

Les deux unis ne tiendront longuement ,
Et dans treze ans au barbare s'attrappe :

Aux

Aux deux coſtez feront tel perdement,
Qu'un benira la barque & ſa cappe.

79.

Par ſacrée pompe viendra baiſſer les aiſles
Par la venuë du grand Legiſlateur :
Humble hauſſera , vexera les rebelles ,
Naiſtra ſur terre aucun æmulateur.

80.

Logmion grande Biſance approchera ,
Chaſſée ſera la barbarique ligue ,
Des deux loix l'une l'etinique laſchera ,
Barbare & franche en perpetuelle brigue.

81.

L'oyſeau Royal ſur la Cité ſolaire ,
Sept mois devant fera nocturne augure :
Mur d'Orient cherra , tonnerre eſclaire,
Sept jours aux portes les ennemis à l'heure.

82.

Au conclud pache hors de la fortereſſe ,
Ne ſortira celuy en deſeſpoir mis :
Quand ceux d'Albois , de Langres contre Breſſe ,
Auront moins Dole bouſcade d'ennemis.

83.

Ceux qui auront entrepris ſubvertir
Nompareil regne puiſſant & invincible ,
Feront par fraude , nuicts trois advertir ,
Quand le plus grand à table lira Bible.

84.

Naiſtra du gouphre & cité immeſurée ,
Nay de parens obſcurs & tenebreux :
Quand la puiſſance du grand Roy reverée ,
Voudra deſtruire par Rouan & Eureux.

85.

Par les Sueves & lieux circonvoiſins ,
Seront en guerres pour cauſe des nuées ,
Camp marins locuſtes & couſins ,
Du Leman fautes ſeront bien deſnuées.

86.

Par les deux teſtes & trois bras ſeparez ,
La cité grande par eau ſera vexée ,

Dc3

Des grands d'entreux par exil esgarez,
Par teste Perse, Bisance fort pressée.

87.

L'an que Saturne sera hors de servage,
Au franc terroir sera d'eau inondé :
De sang Troyen sera son mariage,
Et sera seul d'Espagnols circondé.

88.

Sur le sablon par un hideux deluge,
Des autres mers trouvé monstre marin :
Proche du lieu sera fait un refuge,
Tenant Savone esclave de Turin.

89.

Dedans Hongrie par Boheme, Navarre,
Et par banniere feintes seditions :
Par fleurs de lys pays portant la barre,
Contre Orleans fera esmotions.

90.

Dans les cyclades en Perinthe & Larisse,
Dedans Sparte tout le Peloponesse :
Si grand famine, peste, par faux connisse,
Neuf mois tiendra & tout le cherronesse.

91.

Au grand marché qu'on dit des mensongers,
Du bout Torrent & camp Athenien :
Seront surprins par les chevaux legers,
Par Albanois Mars, Leo, Sat. un versien.

92.

Apres le siege tenu dix & sept ans,
Cinq changeront en tel revolu terme :
Puis sera l'un esleu de mesme temps,
Qui des Romains ne sera trop conforme.

93.

Sous le terroir du rond globe lunaire,
Lors que sera dominateur Mercure :
L'isle d'Escosse fera un luminaire,
Qui les Anglois mettra à deconfiture.

94.

Translatera en la grand Germanie,
Brabant & Flandres, Gand, Bruges & Bologne :

La treuve feinte le grand Duc d'Armenie,
Affaillira Vienne & la Cologne.

95.

Nautique rame invitera les umbres,
Du grand Empire, lors viendra conciter :
La mer Ægée des lignes les encombres,
Empefchant l'onde Tyrrene de floter.

96.

Sur le milieu du grand monde la rofe,
Pour nouveaux faits fang public efpandu,
A dire vray on aura bouche clofe,
Lors au befoin viendra tard l'attendu.

97.

Le nay difforme par horreur fuffoqué,
Dans la cité du grand Roy habitable :
L'edit fevere des captifs revoqué,
Grefle & tonnerre Coudom ineftimable.

98.

A quarante-huict degré climatterique,
Afin de Cancer fi grande fechereffe,
Poiffon en mer, fleuve, lac cuit hectique
Bearn, Bigorre par feu ciel en detreffe.

99.

Milan, Ferrare, Turin & Aquilleye,
Capue Brundis vexez par gent Celtique,
Par le Lyon & phalange aquilée,
Quand Rome aura le chef vieux Britannique.

100.

Le boute-feu par fon feu attrapé,
De feu du ciel à Carcas & Cominge,
Foix, Aux, Mazeres, haut vieillard efchappé,
Par ceux de Haffe, de Saxons & Turinge.

LES

LES VRAYES CENTURIES
ET PROPHETIES

De Maiſtre MICHEL NOSTRADAMUS.

CENTURIE SIXIESME.

1.

Utour des monts Pyrennée;
grand amas,
De gent eſtrange, ſecourir Roy
nouveau :
Pres de Garonne du grand temple
du Mas ,
Un Romain chef le craindra dedans l'eau.

2.

En l'an cinq cens octante plus & moins
On attendra le ſiecle bien eſtrange :
En l'an ſept cens & tois (cieux en teſmoins)
Que pluſieurs regnes un à cinq feront change.

3.

Fleuve qu'eſprouve le nouveau nay Celtique ,
Sera en grande de l'Empire diſcorde :
Le jeune prince par gent Eccleſiaſtique ,
Offera le ſceptre coronal de concorde.

4.

Le Celtique fleuve changera de rivage ,
Plus ne tiendra la cité d'Agripine :
Tout tranſmué , hormis le vieil langage ,
Saturne , Leo , Mars, Cancer en rapine.

5.

Si grand famine par onde peſtifere ,
Par pluye longue le long du pole arctique :
Samarobryn cent lieux de l'hemiſpere ,
Vivront ſans loy , exempt de politique.

6.

Apparoiſtra vers le Septentrion ,
Non loing de Cancer l'Eſtoille chevelue :

Suſe,

Suſe , Sienne , Boëce , Eretrion ,
Mourra de Rome grand , la nuit diſparuë.

7.

Norneigre , Dace & l'iſle Britanique ,
Par les unis freres ſeront vexées :
Le chef Romain iſſu du ſang Gallique ,
Et les copies aux foreſts repouſſées.

8.

Ceux qui eſtoient en regne pour ſçavoir
Au Royal change deviendront appovris :
Uns exilez ſans appuy , or n'avoir ,
Lettes & lettres ne ſeront à grand pris.

9.

Aux temples ſaints ſeront faits grands ſcandales,
Comptez ſeront par honneur & loüanges :
D'un que l'on grave d'argent , d'or les medalles ,
La fin ſera en tourmens bien eſtranges.

10.

Un peu de temps les temples de couleurs ,
De blanc & noir les deux entremeſlée :
Rouges & jaunes leur ſembleront les leurs ,
Sang, terre, peſte , faim , feu , d'eau affolée.

11.

Des ſept rameaux à trois ſeront reduits ,
Les plus aiſnez ſeront ſurprins par mort.
Fratricider les deux ſeront ſeduits ,
Les conjurez en dormant ſeront morts.

12.

Dreſſer copies pour monter à l'Empire ,
Du Vatican le ſang Royal tiendra :
Flamans , Anglois , Eſpaigne avec Aſpire ,
Contre l'Italie & France contendra.

13.

Un dubiteux ne viendra loing du regne.
La plus grand part le voudra ſouſtenir
Un capitole ne voudra point qu'il regne ,
Sa grande charge ne pourra maintenir.

14.

Loing de ſa terre Roy perdra la bataille ,
Prompt eſchappé pourſuivy ſuyvant prins ,

Ignare

Ignare prins ſoubs la dorée maille ,
Soubs faint habit & l'ennemy ſurprins.

15.

Deſſous la tombe ſera trouvé le prince ,
Qu'aura le prix par deſſus Nuremberg :
L'Eſpagnol Roy en Capricorne mince ,
Faint & trahy par le grand Vitemberg.

16.

Ce que ravy ſera du jeune Milve ,
Par les Normans de France & Picardie :
Les noirs du temple du lieu Negriſilve ,
Feront Aulberge & feu de Lombardie.

17.

Apres les limez bruſlez les raſiniers ,
Contraints ſeront changer habits divers :
Les Saturnins bruſlez par les muſniers,
Hors la pluſpart qui ne ſera couvers ,

18.

Par les phiſiques le grand Roy delaiſſé ,
Par ſort non art ne l'Ebrieu eſt en vie :
Luy & ſon genre au regne haut pouſſé ,
Grace donnée à gent qui Chriſt envie.

19.

La vraye flamme engloutira la dame ,
Que voudra mettre les innocens à feu ,
Pres de l'aſſaut l'exercite s'enflamme ,
Quand dans Seville monſtre en bœuf ſera veu.

20.

L'union fainɛte ſera peu de durée
Des uns changez reformez la pluſpart :
Dans les vaiſſeaux ſera gent endurée ,
Lors aura Rome un nouveau Liepart.

21.

Quant ceux de pole arɛtic unis enſemble ,
En Orient grand effrayeur & crainte,
Eſleu nouveau ſouſtenu le grand temple ,
Rodes , Biſance de ſang barbare tainte.

22.

Dedans la terre du grand temple Celique ,
Nepveu à Londres par paix fainɛte meurtry ,

La barque alors deviendra fcifmatique,
Liberté fainéte fera au corn. & cry.

23.

D'efprit de regne munifmes defcriées,
Et feront peuples efmeus contre leur Roy,
Paix, fait nouveau, fainétes loix empirées,
Rapis onc fut en fi trefdur arroy.

24.

Mars & le fceptre fe trouvera conjoint,
Deffous Cancer calamiteufe guerre :
Un peu apres fera nouveau Roy oingt,
Qui par long temps pacifiera la terre,

25.

Par Mars contraire fera la Monarchie,
Du grand pefcheur en trobie ruyneux :
Jeune noir rouge prendra la hierarchie,
Les proditeurs iront jour bruyneux.

26.

Quatre ans le fiege quelque peu bien tiendra,
Un furviendra libidineux de vie :
Ravenne & Pife, Veronne fouftiendront,
Pour eflever la croix du Pape envie.

27.

Dedans les ifles de cinq fleuves à un,
Par le croiffant du grand Chyren Selin :
Par les bruynes de l'air fureur de l'un,
Six efchappez, cachez fardeaux de lin.

28.

Le grand Celtique entrera dedans Rome,
Menant amas d'exilez & bannis :
Le grand pafteur mettra à port tout homme
Qui pour le coq eftoit aux Alpes unis.

29.

La vefue fainéte entendant les nouvelles,
De fes rameaux mis en perplex & trouble,
Qui fera duiét appaifer les querelles,
Par fon pourchas des razes fera comble.

30.

Par l'apparence de fainéte fainéteté,
Sera trahy aux ennemis le fiegé,

Nuiét

Nuict qu'on cuidoit dormir en seureté,
Pres de Brabant marcheront ceux du Liege,

31.

Roy trouvera ce qu'il desiroit tant,
Quant le Prelat sera reprins à tort :
Responce au Duc le rendra mal content,
Qui dans Milan mettra plusieurs à mort.

32.

Par trahison de verges à mort battu,
Puis surmonté sera par son desordre,
Conseil frivole au grand captif sentu,
Nez par fureur quand Begich viendra mordre.

33.

Sa main derniere par Alus sanguinaire,
Ne se pourra plus la mer garentir ;
Entre deux fleuves craindre main militaire,
Le noir l'ireux le fera repentir.

34.

De feu volant la machination,
Viendra troubler au grand chef assiegez :
Dedans sera telle sedition,
Qu'en desespoir seront les profligez.

35.

Pres de Rion, & proche à blanche laine,
Aries, Taurus, Cancer, Leo, la Vierge :
Mars, Jupiter, le Sol ardra grand plaine
Bloys & cités lettres cachez au cierge.

36.

Ne bien ne mal par bataille terrestre,
Ne parviendra aux confins de Perouse,
Rebeller Pise, Florence voir mal estre,
Roy nuict blessé sur mulet à noire housse.

37.

L'œuvre ancienne se parachevera,
Du toict cherra sur le grand mal ruyne,
Innocent faict mort on accusera,
Nocent caché, taillis à la bruine.

38.

Aux profligez de paix les ennemis,
Apres avoir l'Itale supperée :

Noir

Noir fanguinaire , rouge fera commis ,
Feu , fang verfer , eau de fang colorée.

39.

L'enfant du regne par paternelle prinfe ,
Expolié fera pour delivrer :
Aupres du lac Trafimen l'azur prinfe ,
La troupe hoftage pour trop fort s'enyvrer.

40.

Grand de Magonce pour grande foif eftaindre
Sera privé de la grand dignité :
Ceux de Cologne fi fort le viendront plaindre
Que le grand groppe au Rhin fera jetté.

41.

Le fecond chef du regne Dannemarc ,
Par ceux de Frife & l'ifle Britannique ,
Fera defpendre plus de cent mille marc ,
Vain exploiter voyage en Italique.

42.

A Logmyon fera laiffé le regne ,
Du grand Selin qui plus fera de faict ,
Par les Itales eftendra fon enfeigne ,
Regy fera par prudent contrefait.

43.

Long temps fera fans eftre habitée ,
Ou Seine & Marne autour vient arroufer
De la Tamife & martiaux temptée ,
De ceux les gardes en cuidant repouffer.

44.

De nuict par Nantes Lyris apparoiftra ,
Des arts marins fufciteront la pluye :
Arabiq goulfre grand claffe parfondra ,
Un monftre en Saxe naiftra d'ours & truye.

45.

Le gouverneur du regne bien fçavant ,
Ne confentir voulant au fait Royal :
Mellile claffe par le contraire vent ,
Le remettra à fon plus defloyal.

46.

Un jufte fera en exil renvoyé
Par peftilence aux confins de Nonfegle ,

Ref-

Refponce au rouge le fera defvoyer,
Roy retirant à la Rane & à l'aigle.

47.

Entre deux monts les deux grands affemblez,
Delaifferont leur fimulte fecrette :
Bruxelles & Dole par Langres accablez,
Pour à Malignes executer leur pefte.

48.

La faincteté trop faincte & feductive,
Accompagnée d'une langue diferte :
La cité vieille & Parme trop haftive,
Florence & Sienne rendront plus defertes.

49.

De la partie de Mammer grand pontife,
Subjuguera les confins du Danube :
Chafler les croix par fer raffe ne riffe,
Captif, or, bagues, plus de cent mille rubes.

50.

Dedans le puits feront trouvez les os,
Sera l'incefte commis par la maraftre :
L'eftat changé, on fera bruit des os,
Et aura Mars afcendant pour fon aftre.

51.

Peuple affemblé voir nouveau expectacle
Princes & Roys par plufieurs affiftans,
Pilliers faillir, murs, mais comme miracle,
Le Roy fauvé & trente des inftans.

52.

En lieu du grand qui fera condamné,
De prifon hors fon amy en fa place :
L'efpoir Troyen en fix mois joint mort né,
Le Sol à l'urne feront prins fleuves en glace.

53.

Le grand Prelat Celtique à Roy fufpect,
De nuict par cours fortira hors du regne :
Par Duc fertile à fon grand Roy, Bretagne
Bifance à Cypres & Tunes infufpect.

54.

Au poinct du jour au fecond chant du coq
Ceux de Tunes, de Fez, & de Bugie :

Par

Par les Arabes captif le Roy Maroq,
L'an mil six cens & sept de Liturgie.

55.

Au chalmé Duc en arrachant l'esponce,
Voille Arabesque voir, subit descouverte :
Tripolis, Chio, & ceux de Trapesonce,
Duc prins, Marnegro, & sa cité deserte.

56.

La crainte armée de l'ennemy Narbon,
Effrayera si fort les Hesperiques :
Parpignan vuide par l'aveugle d'arbon :
Lors Barcelon par mer donra les piques.

57.

Celuy qu'estoit bien avant dans le regne,
Ayant chef rouge proche à la hierarchie :
Aspre & cruel, & se fera tant craindre,
Succedera à sacré monarchie.

58.

Entre les deux monarques eslongnez,
Lors que le Sol par Selin clair perduë :
Simulte grande entre deux indignez,
Qu'aux isles & Sienne la liberté renduë.

59.

Dame en fureur par rage d'adultere,
Viendra à son prince conjurer non de dire
Mais bref cogneu sera le vitupere,
Que seront mis dix sept à martire.

60.

Le prince hors de son terroir Celtique,
Sera trahy deceu par interprete :
Roüan, Rochelle par ceux de l'Armorique.
Au port de Blaye deceus par moine & prestre.

61.

Le grand tappis plié ne monstrera,
Fors qu'à demy la pluspart de l'histoire :
Chassé du regne loing aspre apparoistra,
Qu'au fait bellique chacun le viendra croire.

62.

Trop tard tous deux, les fleurs seront perduës,
Contre la loy serpent ne voudra faire :

D   Des

Des ligueurs forces par gallots confonduës,
Savone, Albinge par Monech grand martire.

63

La dame seulle au regne demeurée,
L'unic estaint premier au lict d'honneur
Sept ans sera de douleur explorée,
Plus longue vie au regne par grand heur.

64.

On ne tiendra pache aucun aresté,
Tous recevans iront par tromperie.
De paix & trefue terre & mer protesté,
Par Barcelone classe prins d'industrie.

65.

Gris & Bureau, demie ouverte guerre,
De nuict seront assailliz & pillez :
Le bureau prins passera par la serre,
Son temple ouvert deux aux plastres grillez,

66.

Au fondement de la nouvelle secte,
Seront les os du grand Romain trouvez,
Sepulchre en marbre apparoistra ouverte,
Terre trembler en Auril, mal enfoüez.

67.

Au grand Empire parviendra tost un autre
Bonté distant plus de felicité :
Regi par un issu non loing du peautre,
Corruer regnes grande infelicité.

68.

Lors que soldats fureur seditieuse,
Contre leur chef feront de nuict & fer luire,
Ennemy d'Albe soit par main furieuse,
Lors vexer Rome & principaux seduire.

69.

La grand pitié sera sans long tarder,
Ceux qui donnoient seront contraints de prendre
Nuds affamez de froid, soif, soy bander,
Passer les monts en faisant grand esclandre.

70.

Un chef du monde le grand CHIREN sera :
PLUS OUTRE apres aymé, craint, redouté :

Son

Son bruit & los les cieux surpaſſera,
Et du ſeul titre Victeur fort contenté.

71.

Quand on viendra le grand Roy parenter,
Avant qu'il ait du tout l'ame renduë :
On le verra bien toſt apparenter
D'Aigles, Lions, Croix, Couronne venduë.

27.

Par fureur feincte d'eſmotion divine,
Sera la femme du grand fort violée :
Iuges voulans damner telle doctrine,
Victime au peuple ignorant immolée.

73.

En cité grande un moyne & artiſan,
Pres de la porte logez & aux murailles :
Contre Modenc ſecret, cave diſant,
Trahis pour faire ſous couleur d'eſpouſailles.

74.

La dechaſſée au regne tournera,
Ses ennemis trouvez des conjurez :
Plus que jamais ſon temps triomphera.
Trois & ſeptante à mort trop aſſeurez.

75.

Le grand Pilot ſera par Roy mandé,
Laiſſer la claſſe, pour plus haut lieu attaindre :
Sept ans apres ſera contrebandé,
Barbare armée viendra Veniſe craindre.

76.

La cité antique d'antenorée forge,
Plus ne pouvant le tyran ſupporter :
Le manche feinct au temple couper gorge,
Les ſiens le peuple à mort viendra bouter.

77.

Par la victorie du deceu fraudulente,
Deux claſſes une, la revolte Germaine,
Le chef meurtry & ſon fils dans la tente,
Florence, Imole pourchaſſez dans Romaine.

78.

Crier victorie du grand Selin croiſſant,
Par les Romains ſera l'Aigle clamé,

D 2

Ticcin,

Ticcin, Milan, & Gennes ny confent,
Puis par eux mefmes Bafil grand reclamé.

79.

Pres de Tefin les habitans de Loyre,
Garonne, Saone, Seine, Tain, & Gironde,
Outre les monts dresseront promontoire,
Conflict donné, Pau, Granci, submergé onde.

80.

De Fez le regne parviendra à ceux d'Europe,
Feu leur cité, & lame trenchera :
La grand d'Afie terre & mer à grand troupe,
Que bleus, peres, croix, à mort dechassera.

81.

Pleurs, cris & plaincts, hurlemens, effrayeurs,
Cœur inhumain, cruel Roy & tranfy :
Lemans, les Isles, de Gennes les majeurs,
Sang espancher, frofaim, à nul mercy.

82.

Par les deferts de lieu, libre & farouche,
Viendra errer nepveu du grand Pontife :
Assommé à fept avecques lourde souche,
Par ceux qu'apres occuperont le Cyphe.

83.

Celuy qu'aura tant d'honneur & caresses,
A fon entrée en la Gaule Belgique,
Un temps à pres fera tant de rudesses :
Et fera contre à la fleur tant bellique.

84.

Celuy qu'en Sparte Claude ne peut regner,
Il fera tant par voye seductive :
Que du court, long, le fera ataigner,
Que contre Roy fera fa perspective.

85.

La grand cité de Tharfe par Gaulois
Sera destruite : captifs tous à Turban :
Secours par mer du grand Portugalois,
Premier d'esté le jour du facre Urban.

86.

Le grand Prelat un jour apres fon fonge
Interpreté au rebours de fon fens :

De

De la Gascogne luy surviendra un monge,
Qui fera eslire le grand Prelat de Sens.

87.

L'election faicte dedans Francfort,
N'aura nul lieu, Milan s'opposera :
Le sien plus proche semblera si grand fort,
Qu'outre le Rhin és mareschs chassera.

88.

Un regne grand demourra desolé,
Aupres de l'Hebro se feront assemblées .
Mont Pyrenées le rendront consolé,
Lors que dans May seront terres tremblées.

89.

Entre deux cymbes pieds & mains estachez,
De miel face oingt, & de laict substanté :
Guespes & mouches fitine amour fachez,
Poccilateur faucer, Cyphe tenté.

90.

L'honnissement puant abominable,
Apres le faict sera felicité :
Grand excusé pour n'estre favorable,
Qu'à paix Neptune ne sera incité.

91.

Du conducteur de la guerre navale.
Rouge effrené, severe, horrible grippe,
Captif eschappe de l'aisné dans la basle :
Quand il naistra du grand un fils Agrippe.

62.

Prince sera de beauté tant venuste,
Au chef menée, le second faict trahy :
La cité au glaive de poudre face aduste,
Par trop grand meurtre le chef du Roy hay.

93.

Prelat avare, d'ambition trompé,
Rien ne fera que trop cuider viendra,
Ses messagers, & luy bien attrappé,
Tout au rebours voir qui le bois fendra.

94.

Un Roy iré sera aux fedifragues,
Quand interdicts seront harnois de guerre :

La poiſſon taincte au ſuccre par les fragues,
Par eaux meurtris, morts diſant ſerre, ſerre.

95.

Par detracteur calomnié à puis nay :
Quand iſtront faicts enormes & martiaux :
La moindre part dubieuſe à l'aiſné,
Et toſt au regne ſeront faicts partiaux.

96.

Grande cité à ſoldats abandonnée,
Onc ny eut mortel tumult ſi proche,
O qu'elle hideuſe mortalité s'approche,
Fors une offenſe n'y ſera pardonnée.

97.

Cinq & quarante degrez ciel bruſlera,
Feu approcher de la grand cité neuve.
Inſtant grand flamme eſparſe ſautera,
Quand on voudra des Normans faire preuve.

98.

Ruyne aux Volſques de peur ſi fort terribles,
Leur grand cité taincte, faict peſtilent :
Piller Sol, Lune, & violer leurs temples :
Et les deux fleuves rougir de ſang coulant.

99.

L'ennemy docte ſe tournera confus,
Grand camp malade, & de faict par embuſches,
Monts Pyrenées & Pœnus luy ſeront faicts refus,
Proche du fleuve deſcouvrant antiques oruches.

100.

Fille de l'Aure, aſyle du mal ſain,
Où juſqu'au ciel ſe void l'amphitheatre,
Prodige veu, ton mal eſt fort prochain,
Seras captive, & deux fois plus de quatre.

LE-

LEGIS CAUTIO CONTRA
INEPTOS CRITICOS.

Qui legent hosce versus, mature censunto:
Prophanum vulgus & inscium ne attrestato:
Omnesque Astrologi, Blenni, Barbari procul sunto,
Qui aliter facit, is rité sacer esto.

LES VRAYES CENTURIES
ET PROPHETIES
De Maistre MICHEL NOSTRADAMUS
CENTURIE SEPTIESME.

I.

Arc du thresor par Achilles deceu,
Aux procrées sçeu la quadrangu-
laire :
Au faict Royal le comment sera
sceu,
Corps veu pendu au veu du populaire.

2.

Par Mars ouvert Arles ne donra guerre,
De nuict seront les soldats estonnez :
Noir, blanc à l'inde dissimulez en terre,
Sous la feincte ombre traistre veuz & sonnez.

3.

Apres de France la victoire navale,
Les Barchinons, Sallinons, les Phocens,
Lierre d'or, l'enclume serré dedans la balle,
Ceux de Ptolon au fraud seront consens.

4.

Le Duc de Langres assiegé dedans Dole,
Accompagné d'Autun & Lyonnois :
Geneve, Ausbourg joinct ceux de Mirandolc,
Passer les monts contre les Anconnois.

5.

Vin sur la table en sera respandu,
Le tiers n'aura celle qu'il pretendoit :

D 4   Deux

Deux fois du noir de Parme descendu :
Perouse à Pise sera ce qu'il cuidoit.

6.

Naples, Palerme, & toute la Cecile,
Par main barbare sera inhabitée,
Corsique, Salerne & de Sardeigne l'Isle,
Faim, peste, guerre, fin de maux intentée.

7.

Sur le combat des grands chevaux legers,
On criera le grand croissant confond.
De nuict tuer, monts, habits de bergers,
Abismes rouges dans le fossé profond.

8.

Flora, fuis, fuis le plus proche Romain,
Au Fesulan sera conflict donné :
Sang espandu, les plus grands prins à main,
Temple ne sexe ne sera pardonné.

9.

Dame à l'absence de son grand capitaine,
Sera priée d'amour du Viceroy,
Feincte promesse & malheureuse estreine :
Entre les mains du grand Prince Barroy.

10.

Par le grand Prince limitrophe du Mans,
Preux & vaillant chef de grand exercite :
Par mer & terre de Gallots & Normans,
Caspre passer Barcelonne pillé Isle.

11.

L'enfant Royal contemnera la mere,
Oeil, pieds blessez, rude, inobeissant,
Nouvelle à dame estrange & bien amere,
Seront tuez des siens plus de cinq cens.

12.

Le grand puisnay fera fin de la guerre,
Aux dieux assemble avec les excusez :
Cahors, Moissac iront long de la serre,
Refus Lestore, les Agenois rasez.

13.

De la cité marine & tributaire,
La teste raze prendra la satrapie :

Chas-

Chaſſer ſordide qui puis ſera contraire,
Par quatorze ans tiendra la tyrannie.

14.

Faux expoſer viendra topographie,
Seront les cruches des monuments ouvertes :
Pulluler ſecte, faincte philoſophie,
Pour blanches, noires, & pour antiques vertes.

15.

Devant cité de l'Inſubre contrée,
Sept ans ſera le ſiege devant mis :
Le treſgrand Roy y fera ſon entrée,
Cité puis libre hors de ſes ennemis.

16.

Entrée profonde par la grand Royne faicte,
Rendra le lieu puiſſant inacceſſible :
L'armée des trois Lyons ſera deffaicte,
Faiſant dedans cas hideux & terrible.

17.

Le Prince rare de pitie & clemence,
Apres avoir la paix aux ſiens baillé,
Viendra changer par mort grand cognoiſſance,
Par grand repos le regne travaillé.

18.

Les aſſiegez couleront leurs paches,
Sept jours apres feront cruelle iſſuë,
Dans repoulſez, feu ſang. Sept mis à l'hache
Dame captive qu'avoit la paix tiſſuë.

19.

Le fort Nicene ne ſera combatu,
Vaincu ſera par rutilant metal,
Son faict ſera un long temps debatu.
Aux citadins eſtrange eſpouventail.

20.

Ambaſſadeurs de la Toſcane langue,
Auril & May Alpes & mer paſſer :
Celuy de veau expoſera l'harangue,
Vie Gauloiſe ne venant effacer.

21.

Par peſtilente inimité Volſicque,
Diſſimulée chaſſera le tyran:

Au pont de Sorgues se fera la traffique,
De mettre à mort luy & son adherant.

22.

Les Citoyens de Mesopotamie,
Irez encontre amis de Tarraconne,
Ieux, ris, banquets, toute gent endormie
Vicaire au Rosne prins cité, ceux d'Ausone.

23.

Le Royal sceptre sera contraict de prendre.
Ce que ses predecesseurs avoient engagé :
Puis que l'aneau on fera mal entendre,
Lors qu'on viendra le palais saccager.

24.

L'ensevely sortira du tombeau,
Fera de chaines lier le fort du pont :
Empoisonné auec œufs de Barbeau,
Grand de Lorraine par le Marquis du Pont.

25.

Par guerre longue tout l'exercite expulser.
Que pour soldats ne trouveront pecune :
Lieu d'or, d'argent, cuir on viendra cuser,
Gaulois ærain, signe croissant de Lune.

26.

Fustes & galeres autour de sept navires,
Sera livrée une mortelle guerre :
Chef de Madric receura coup de vires,
Deux eschapez & cinq menez à terre.

27.

Au ceinct de Vast la grand cavalerie,
Proche à Ferrage empesché au bagage,
Pompe à Turin feront tel volerie,
Que dans le fort raviront leur hostage.

28.

Le capitaine conduira grande proye.
Sur la montagne des ennemis plus proche :
Environné, par feu fera telle voye,
Tous eschappez, or trente mis en broche.

29.

Le grand Duc d'Albe se viendra rebeller,
A ses grans peres fera le tradiment :

L.

Le grand de Guife le viendra debeller,
Captif mené & dreffé monnument.

30.

Le fac s'approche, feu, grand fang efpandu,
Po, grands fleuves, aux bouviers l'entreprinfe :
De Gennes, Nice, apres long attendu,
Fouffan, Turin, à Savillan la prinfe.

31.

De Languedoc, & Guienne plus de dix,
Mille voudront les Alpes repaffer :
Grans Allobroges marcher contre Brundis,
Aquin & Breffe les viendront recaffer.

32.

Du mont Royal naiftra d'une cafane,
Qui cave, & compte viendra tyrannifer,
Dreffer copie de la marche Millane,
Favene, Florence d'or & gens efpuifer.

33.

Par fraude regne, forces expolier.
La claffe obfeffe, paffages à l'efpie :
Deux faincts amis fe viendront r'allier,
Efveiller haine de long temps affoupie.

34.

En grand regret fera la gent Gauloife,
Cœur vain, leger croira temeritée :
Pain, fel, ne vin, eau, venin ne cervoife,
Plus grand captif, faim, froid, neceffité.

35.

La grande poche viendra plaindre, pleurer,
D'avoir efleu : trompez feront en l'aage,
Guiere avec eux ne voudra demeurer :
Deceu fera par ceux de fon langage.

36.

Dieu, le ciel tout le divin verbe à l'onde,
Porté par rouges fept razes à Bizance,
Contre les oingts trois cens de Trabifonde
Deux loix mettront, & horreur, puis credence.

37.

Dix envoyez, chef de nef mettre à mort,
D'un adverty, en claffe guerre ouverte :

Con-

Confusion chef, l'un se picque & mord,
Leryn, stecades nefs, cap dedans la nerte.

38.

L'aisné Royal sur coursier voltigeant,
Picquer viendra si rudement courir :
Gueulle, lipée, pied dans l'estrieu pleignant,
Trainé, tiré, horriblement mourir.

39.

Le conducteur de l'armée Francoise,
Cuidant perdre le principal phalange.
Par sus pavé de l'avaigne & d'ardoise,
Soy parfondra par Gennes gens estrange.

40.

Dedans tonneaux hors oingts d'huile & gresse,
Seront vingt un devant le port fermez,
Au second guet par mort feront proüesse,
Gaigner les portes, & du guet assommez.

41.

Les os des pieds & des mains enserrez,
Par bruit maison long temps inhabitée,
Seront par songes concavant deterrez,
Maison salubre & sans bruit habitée.

42.

Deux de poison saisis nouveaux venus,
Dans la cuisine du grand Prince verser :
Par le soüillard tous deux au faict cogneus,
Prins qui cuidoit de mort l'aisné vexer.

43.

Lors qu'on verra les deux licornes,
L'une baissant l'autre abaissant,
Monde au milieu, pilier aux bornes
S'en fuira le neveu riant.

44.

Alors qu'un bour fera fort bon,
Portant en soy les marques de justice,
De son sanglors portant lon nom
Par fuite injuste receura son supplice.

AUTRES QUATRAINS
tirez de 12. soubz la Centurie septiesme :
dont en ont esté rejectez. 8. qui se sont
trouvez és Centuries prudentes.

73.

Enfort de sieges manubis & ma-
niples
Changez le sacre & passe sur le
prosne,
Prins & captifs n'arreste les prez
triples,
Plus par fonds mis, eslevé, mis au
trosne.

80.

L'Occident libres les Isles Britanniques
Le recogneu passer le bas, puis haut
Ne content triste Rebel. corss. Escotiques.
Puis rebeller par plus & par nuict chaut.

82.

La stratageme simulte sera rare
La mort en voye rebelle par contrée,
Par le retour du voyage Barbare
Exalteront la protestante entrée.

83.

Vent chaut, conseil, pleurs, timidité,
De nuict au lit assailly sans les armes,
D'oppression grande calamité,
L'epithalame converti pleurs & larmes.

FIN.

LES VRAYES CENTURIES

ET PROPHETIES

De Maiftre MICHEL NOSTRADAMUS.

CENTURIE HUICTIESME.

1.

AU, NAY, LORON plus feu
qu'à fang fera,
Laude nager, fuir grand aux fur-
rez,
Les agaffas entrée refufera,
Pampon, Durance les tiendra enferrez.

2.

Condon & Aux & autour de Mirande
Je voy du ciel feu qui les environne.
Sol Mars conjoint au Lyon, puis Marmande
Foudre, grand grefle, mur tombe dans Garonne.

3.

Au fort chafteau de Vigilanne & Refviers
Sera ferré le puifnay de Nancy :
Dedans Turin feront ards les premiers,
Lors que de dueil Lyon fera tranfy.

4.

Dedans Monech le coq fera receu,
Le Cardinal de France apparoiftra
Par Legation Romain fera deceu,
Foibleffe à l'Aigle, & force au Coq naiftra.

5.

Apparoiftra temple huifant orné,
La lampe & cierge à Borne & Bretueil.
Pour la Lucerne le canton deftourné,
Quand on verra le grand Coq au cercueil.

6.

Clarté fulgure à Lyon apparante
Luyfant, print Malte, fubit fera eftrainte,

Sar-

Sardon, Mauris traitera decevante,
Geneve à Londes à Coq trahison fainte.

7.

Verceil, Milan donra intelligence,
Dedans Tycin sera faite la playe,
Courir par Seine eau, sang feu par Florence,
Unique cheoir d'hault en bas faisant maye.

8.

Prés de Linterne dans de tonnes fermez,
Chivaz fera pour l'Aigle la menée,
L'esleu cassé luy ses gens enfermez,
Dedans Turin rapt espouse emmenée.

9.

Pendant que l'Aigle & le Coq à Savone
Seront unis, Mer, Levant & Ongrie.
L'armée à Naples, Palerne, Marque d'Ancone
Rome, Venise par Barbe horrible cric.

10.

Puanteur grande sortira de Lausanne,
Qu'on ne sçaura l'origine du fait.
L'on mettra hors toute la gent loingtaine
Feu veu au ciel, peuple estranger deffait.

11.

Peuple infiny paroistra à Vicence
Sans force, feu brusler la basilique
Prés de Lunage deffait grand de Valence,
Lors que Venise par mort prendra pique.

12.

Apparoistra aupres de Buffalorre
L'hault & procere entré dedans Milan
L'abbé de Foix avec ceux de sainct Morre
Feront la forbe habillez en vilain.

13.

Le croisé frere par amour effrenée
Fera par Praytus Bellerophon mourir,
Classe à mil ans la femme forcenée.
Beu le breuvage, tous deux apres perir.

14.

Le grand credit, d'or d'argent l'abondance
Aveuglera par libide l'honneur :

Cogneu

Cogneu fera d'adultere l'offenfe,
Qui parviendra à fon grand deshoneur.

15.

Vers Aquilon grands efforts par hommaffe
Prefque l'Europe & l'univers vexer,
Les deux eclypfes mettra en telle chaffe,
Et aux Pannons vie & mort renforcer.

16.

Au lieu que Hieron fait fa nef fabriquer
Si grand deluge fera & fi fubite,
Qu'on n'aura lieu ne terres s'ataquer,
L'onde monter Fefulan Olympique.

17.

Les bien aifez fubit feront defmis,
Par les trois freres le monde mis en trouble.
Cité marine faifiront ennemis,
Faim, feu, fang, pefte, & de tous maux le double.

18.

De FLORE iffuë de fa mort fera caufe,
Un temps devant par jeufne & vieille bueyre
Car les trois Lys luy feront telle paufe,
Par fon fruit fauve comme chair cruë mueyre.

19.

A fouftenir la grand cappe troublée,
Pour l'efclaircir les rouges marcheront
De mort famille fera prefque accablée,
Les rouges le rouges rouges affommeront.

20.

Le faux meffage par election fainte
Courir par urbé rompuë pache arrefte,
Voix aceptées, de fang chapelle tainte,
Et à un autre l'empire contracte.

21.

Au port de Agdè trois fuftes entreront
Portant l'infect non foy & peftilence
Paffant le pont mil milles embleront,
Et le pont rompre à tierce refiftance.

22.

Gorfan, Narbonne, par le fel advertir
Tucham, la grace & Parpignan trahie,

La vie rouge n'y voudra confentir ,
Par haulte vol drap gris vie faillie.

23.

Lettres trouvées de la Royne les coffres ,
Point de fubfcrit fans aucun nom d'autheur ,
Par la police feront cachez les offres ,
Qu'on ne fçaura qui fera l'amateur.

24.

Le Lieutenant à l'entrée de l'huys
Affommera le grand de Parpignan ,
En fe cuidant fauver Montpertuis ,
Sera deçeu baftard de Lufignan.

25.

Cœur de l'amant ouvert d'amour furtive
Dans le ruiffeau fera ravir la Dame ,
Le demy mal contrefera laffive ,
Le pere à deux privera corps de l'ame.

26.

De Caton es trouvez en Barcelonne ,
Mys defcouvers lieu retrouvez & ruyne ,
Le grand qui tient ne tient voudra Pamplonne ,
Par l'abbage de Montferrat bruyne.

27.

La voye auxelle l'un fur l'autre fornix ,
Du muy defert hor mis brave & geneft,
L'efcript d'empereur le fenix
Veu en celuy ce qu'a nul autre n'eft.

28.

Les fimulachres d'or & d'argent enflez ,
Qu'apres le rapt lac au feu furent jettez
Au defcouvert eftaincts tous & troublez ,
Au marbre efcripts , perfcripts interjettez.

29.

Au quart pillier l'on facre à Saturne.
Par tremblant terre & deluge fendu
Sous l'edifice Saturin trouvé urne ,
D'or Capion ravy & puis rendu.

30.

Dedans Tholoufe non loing de Beluzer
Faifant un puis loing , palais d'efpectacle

Thre-

Threfor trouvé un chacun ira vexer,
Et en deux locs tout & prés des vefacle.

31.

Premier grand fruict le Prince de Pefquiere :
Mais puis viendra bien & cruel malin,
Dedans Venife perdra fa gloire fiere,
Et mis à mal par plus joyeux Celin.

22.

Garde toy roy Gaulois de ton nepveu,
Qui fera tant que ton unique fils.
Sera meurtry à Venus faifant vœu,
Accompagné de nuict que trois & fix.

33.

Le grand naiftra de Veronne & Vincence,
Qui portera un fur nom bien indigne.
Qui à Venife vouldra faire vengeance,
Luy mefme prins homme de guet & figne.

34.

Apres victoire du Lyon au Lyon,
Sus la montagne de J u R A Secatombe,
Delues & brodes feptiefme million,
Lyon, Ulme à Maufol mort & tombe.

35.

Dedans l'entrée de Garonne & Bayfe ;
Et la foreft non loing de Damazan
Du marfaves gelées, puis grefle & bize
Dordonnois gelle par erreur de Mezan.

36.

Sera commis conte oindre aduché
De Saulne & fainct Aulbin & Beloeuvre
Paver de marbre de Tours loing efpluché
Non Bleteran refifter & chef d'œuvre.

37.

La forterefle aupres de la Tamife
Cherra par lors, le Roy dedans ferré,
Aupres du pont fera veu en chemife
Un devant mort, puis dans le fort barré.

38.

Le Roy de Bloys dans Avignon regner
Une autre fois le peuple en monopole,

De-

Dedans le Rofne par murs fera baigner
Jufques à cinq le dernier prés de Nole.

39.

Qu'aura efté par prince Bizantin,
Sera tollu par prince de Tholoufe :
La foy de Foix par le chef Tholentin,
Luy faillira ne refufant l'efpoufe.

40.

Le fang du Jufte par Taur & la Dorade,
Pour fe venger contre les Saturnins
Au nouveau lac plongeront la maynade,
Puis marcheront contre les Albanins.

41.

Efleu fera Renard ne fonnant mot,
Faifant le faint public vivant pain d'orge,
Tyrannizer apres tant à un coup,
Mettant à pied des plus grands fur la gorge.

42.

Par avarice, par force & violence
Viendra vexer les fiens chefs d'Orleans,
Prés fainct Memire affault & refiftance.
Mort dans fa tente diront qu'il dort leans.

43.

Par le decide de deux chofes baftards,
Nepveu du fang occupera le regne,
Dedans lectoyre feront les coups de dards
Nepveu par peur pliera l'enfeigne.

44.

Le procreé naturel d'ogmion,
De fept à neuf du chemin deftourner
A roy de longue & amy au my hom,
Doit à Navarre fort de P A U profterner,

45.

La main efcharpe & la jambe bandée,
Longs puifnay de Calais portera,
Au mot du guet la mort fera tardée,
Puis dans le temple à Pafques faignera.

46.

Pol menfolée mourra à trois lieuës du rofne,
Fuis les deux prochains tarafc deftrois :

Car

Car Mars fera le plus horrible trofne ,
De coq & d'Aigle de France freres trois.

47.

Lac Tranfmenien portera tefmoignage ,
Des conjurez ferrez dedans Peroufe
Un defpollé contrefera le fage ,
Tuant Tedefq de fterne & minufe.

48.

Saturne en Cancer , Jupiter avec Mars ,
Dedans Fevrier Chaldondon faluterre.
Sault Caftallon affailly de trois pars ,
Pres de Verbiefque conflit mortelle guerre.

49.

Satur. au beuf jouë en l'eau, Mars en fleiche ,
Six de Fevrier mortalité donra ,
Ceux de Tardaigne , à Bruge fi grand breche ,
Qu'à Ponterofo chef Barbarin mourra.

50.

La peftilence l'entour de Capadille ,
Une autre faim pres de Sagone s'apprefte :
Le chevalier baftard de bon fenille ,
Au grand de Thunes fera trancher la tefte.

51.

Le Bizantin faifant oblation ,
Apres avoir Cordube à foy reprinfe :
Son chemin long repos pamplation ,
Mer paffant proy par la Golongna prinfe.

52.

Le roy de Bloys dans Avignon regner ,
D'amboife & femer viendra le long de Lyndre
Ongle à Poytiers fainctes aifles ruyner
Devant Boni.

53.

Dedans Bologne voudra laver fes fautes ,
Il ne pourra au temple du foleil ,
Il volera faifant chofe fi hautes ,
En hierarchie n'en fut onq un pareil.

54.

Soubs la couleur du traicté mariage ,
Fait magnanime par grand Chyren felin.

Quin-

Quintin , Arras recouvrez au voyage
D'espagnols fait second banc macelin.

55.

Entre deux fleuves se verra enserré ,
Tonneaux & caques unis à passer outre ,
Huiét ponts rompus chef à tant enferré ;
Enfans parfaiéts sont jugulez en oultre.

59.

La bande foible la terre occupera
Ceux du haut lieu feront horribles cris ,
Le gros troupeau d'estre coin troublera ,
Tombe pres Dinebro descouvers les escris.

57.

De soldat simple parviendra en empire ,
De robe courte parviendra à la longue
Vaillant aux armes en eglise ou plus pyre ,
Vexer les prestres comme l'eau faiét l'esponge.

58.

Regne en querelle aux freres divisé ,
Prendre les armes & le nom Britannique
Tiltre Anglican sera tard advisé ,
Surprins de nuiét mener à l'air Gallique.

59.

Par deux fois haut , par deux fois mis à bas
L'orient aussi l'occident foiblira
Son adversaire apres plusieurs combats ,
Par mer chassé au besoing faillira.

63.

Premier en Gaule , premier en Romanie ,
Par mer & terre aux Anglois & Paris
Merveilleux faits par celle grand mesnie
Violant , Terax perdra de N O R L A R I S.

61.

Jamais par le decouvrement du jour
Ne parviendra au signe sceptrifere
Que tous ses sieges ne soient en sejour ,
Portant au coq don du T A G armifere.

62.

Lors qu'on verra expiler le sainét temple ,
Plus grand du Rhosne & sacrez prophaner

Par

Par eux naiſtra peſtilence ſi ample ,
Roy faict injuſte ne fera condamner.

63.

Quand l'adultere bleſſé ſans coup aura
Meurdy la femme & le fils par deſpit ,
Femme aſſommée l'enfant eſtranglera :
Huict captifs prins, s'eſtouffer ſans reſpit.

64.

Dedans les Iſles les enfans tranſportez ,
Les deux de ſept ſeront en deſeſpoir :
Ceux du terroüer en ſeront ſupportez ,
Nom pelle prins des ligues fuy l'eſpoir.

65.

Le vieux fruſtré du principal eſpoir ,
Il parviendra au chef de ſon empire :
Vingt mois tiendra le regne à grand pouvoir ,
Tiran , cruel en delaiſſant un pire.

66.

Quand l'eſcriture D. M. trouvée ,
Et cave antique à lampe deſcouverte ,
Loy , Roy , & Prince Ulpian eſprouvée ,
Pavillon Royne & Duc ſous la couverte.

67.

PAR. CAR. NERSAF, à ruine grand diſcorde ,
Ne l'un ne l'autre n'aura election ,
Nerſaf. du peuple aura amour & concorde ,
Ferrare , Colonne grande protection.

68.

Vieux Cardinal par le jeune deceu ,
Hors de ſa charge ſe verra deſarmé ,
Arles ne monſtres double ſoit aperceu ,
Et liqueduct & le Prince embaumé.

69.

Aupres du jeune le vieux Ange baiſſer ,
Et le viendra ſurmonter à la fin :
Dix ans eſgaux aux plus vieux rabaiſſer ,
De trois deux l'un huictieſme Seraphin.

70.

Il entrera vilain , meſchant , infame
Tyranniſant la Meſopotamie

Tous

Tous amis faict d'adulterine dame ,
Terre horrible noir de phisonomie.

71.

Croiftra ❍ nombre fi grand des Aftronomes
Chaffez , bannis & livres cenfurez ,
L'an mil fix cens & fept par facre glomes,
Que nul aux facres ne feront affeurez.

72.

Champ Perufin ô l'enorme deffaite
Et le conflict tout aupres de Ravenne
Paffage facre lors qu'on fera la fefte ,
Vainqueur vaincu cheval manger l'avenne.

73.

Soldat Barbare le grand Roy frappera ,
Injuftement non eflongné de mort ,
L'avare mere du faict caufe fera
Conjurateur & regne en grand remort.

74.

En terre neufve bien avant Roy entré
Pendant fubjects luy viendront faire acueil ,
Sa perfidie aura tel rencontré ,
Qu'aux citadins lieu de fefte & recueil.

75.

Le pere & fils feront meurdis enfemble ,
Le prefecteur dedans fon pavillon
La mere à Tours du fils ventre aura enfle ,
Cache verdure de fueilles papillon.

76.

Plus Macelin que Roy en Angleterre ,
Lieu obfcur nay par force aura l'empire :
Lafche fans foy fans loy feignera terre.
Son temps s'aproche fi pres que je foufpire.

77.

L'antechrift trois bien toft annichilez ,
Vingt & fept ans fang durera fa guerre ,
Les heretiques morts , captifs exilez ,
Sang , corps humain , eau rougie , grefler terre.

78.

Un Bragamas avec la langue torte
Viendra des dieux piller le fanctuaire ,

Aux

Aux heretiques il ouvrira la porte
En suscitant l'eglise militaire.

79.

Qui par fer pere perdra nay de Nonnaite
De Gorgon la sera sang preferant,
En terre estrange fera si tout de taire,
Qui bruslera luy mesme & son entant.

80.

Des innocens le sang de vefve & vierge,
Tant de maux faicts par moyen se grand Roge,
Saincts simulachres trempez en ardant cierge:
De frayeur craincte ne verra nul que boge.

81.

Le neuf empire en desolation,
Sera changé du pole aquilonaire,
De la Sicile viendra l'emotion,
Troubler l'emprise à Philip. tributaire.

82.

Rouge, long, sec, faisant du bon vallet,
A la parfin n'aura que son congie,
Poignant poyson, & lettres au collet,
Sera saisi eschappé en dangie.

83.

Le plus grand voile hors du port de Zara,
Prés de Bisance fera son entreprise.
D'ennemy perte & l'amy ne sera,
Le tiers à deux fera grand pille & prise.

84.

Paterne orra de la Sicile crie,
Tous les aprests du goulphre de Trieste,
Qui s'entendra jusques à la Trinacrie,
De tant de voiles, fuy, fuy l'horrible peste.

85.

Entre Bayonne & à sainct Jean de Lux,
Sera posé de Mars la promontoire :
Aux Hanix d'Aquilon Nanat hostera lux,
Puis suffoqué au lict sans adjutoire.

86.

Par Arriani Tholoser Ville Franque,
Bande infinie par le mont Adrian,

Paſſe riviere, Hutin par pont la plancque
Bayonne entrer tous Bichoro criant.

87.

Mort conſpirée viendra en plein effect,
Charge donnée & voyage de mort.
Eſleu, creé, receu, par ſiens deffaict,
Sang d'innocent devant ſoy par remort.

88.

Dans la Sardaigne un noble Roy viendra,
Qui ne tiendra que trois ans le Royaume,
Pluſieurs couleurs avec ſoy conjoindra,
Luy meſme apres ſoin ſommeil marrit ſcome.

89.

Pour ne tomber entre mains de ſon oncle,
Qui ſes enfans par regner trucidez,
Orant au peuple mettant pied ſur Peloncle
Mort & traiſné entre chevaux bardez.

90.

Quand des croiſez un trouvé de ſens trouble
En lieu du ſacre verra un bœuf cornu
Par vierge porc ſon lieu lors ſera comble,
Par Roy plus ordre ne ſera ſouſtenu.

91.

Parmy les champs de Rodanes entrées
Où les croiſez ſeront preſques unis,
Les deux braſſieres en piſces rencontrées,
Et un grand nombre par deluge punis.

92.

Loin hors du regne mis en hazard **voyage**
Grand oſt duyra, pour ſoy l'occupera,
Le Roy tiendra les ſiens captif oſtage,
A ſon retour tout pays pillera.

93.

Sept mois ſans plus obtiendra prelature
Par ſon decez grand ſciſme fera naiſtre :
Sept mois tiendra un autre la preture,
Pres de Veniſe paix union renaiſtre.

94.

Devant le lac où plus cher fut jetté
De ſept mois, & ſon oſt tout deſconfit

Seront Hifpans par Albannois gaftez,
Par delay perte en donnant le conflict.

95.

Le feducteur fera mis en la foffe,
Et eftaché jufques à quelque temps,
Le clerc uny le chef avec fa croffe
Pycante droite attraira les contens.

96.

La Synagogue fterile fans nul fruit
Sera receuë entre les infideles
De Babylon la fille du pourfuit,
Mifere & trifte luy trenchera les aifles.

97.

Aux fins du V A R changer le Pompotans,
Prés du rivage les trois beaux enfans naiftre,
Ruyne au peuple par aage competans
Regne au pays charger & plus voir croiftre.

98.

Des gens d'Eglife fang fera efpanché,
Comme de l'eau en fi grande abondance
Et d'un long temps ne fera reftanché
Væ væ au clerc, ruine & doleance.

96.

Par la puiffance des trois Roys temporels :
En autre lieu fera mis le faint fiege :
Où la fubftance de l'efprit corporel,
Sera remis & receu pour vray fiege.

100.

Pour l'abondance de l'arme refpanduë
Du haut en bas par le bas au plus haut
Trop grande foy par jeu vie perduë,
De foif mourir par abondant deffaut.

AU-

AUTRES QUATRAINS
Cy devant imprimez soubz la Centurie huictiesme.

1.

SEront confus plusieurs de leurs attente,
Aux habitans ne sera pardonné,
Qui bien pensoient perseverer l'attente,
Mais grand loisir ne leur sera donné.

2.

Plusieurs viendront, & parleront de paix
Entre Monarques & Seigneurs bien puissans;
Mais ne sera accordé de si pres,
Que ne se rendent plus qu'autres obeissans.

3.

Las quelle fureur ! helas quelle pitié,
Il y aura entre beaucoup de gens !
On ne vit onc une telle amitié,
Qu'auront les loups à courir diligens.

4.

Beaucoup de gens voudront parlementer
Aux grands Siegneurs qui leur feront la guerre,
On ne voudra en rien les escouter,
Helas ! si Dieu n'envoye paix en terre.

5.

Plusieurs secours viendront de tous costez.
De gens loingtains qui voudront resister.
Ils feront tout à un coup bien hastez,
Mais ne pourront pour ceste heure assister.

6.

Las quel desir ont Princes estrangers !
Garde toy bien qu'en ton pays ne vienne,
Il y auroit de terribles dangers
En maints contrées, mesme en la Vienne.

E 2   LES

LES VRAYES CENTURIES

ET PROPHETIES

De Maiſtre MICHEL NOSTRADAMUS.

CENTURIE NEUFIESME.

1.

Dans la maiſon du traducteur de Bourc
Seront les lettres trouvées ſur la table,
Borgne, roux, blanc, chenu tiendra de cours,
Qui changera au nouveau Conneſtable.

2.

Du hault du mont Aventin voix ouye,
Vuidez, Vuidez de tous les deux coſtez,
Du ſang des rouges ſera l'ire aſſomie,
D'Arimin Prato, Columna debotez.

3.

La magne vaqua à Ravenne grand trouble,
Conduicts par quinze enferrez à Fornaſe :
A Rome naiſtra deux monſtres à teſte double,
Sang, feu, deluge, les plus grands à l'eſpaſe.

4.

L'an enſuyvant deſcouverts par deluge,
Deux chefs eſleuz, le premier ne tiendra
De fuyr ombre à l'un d'eux le refuge,
Saccagée caſe qui premier maintiendra.

5.

Tiers doigt du pied au premier ſemblera,
A un nouveau Monarque de bas haut,
Qui Pyſe & Luques Tyran occupera
Du precedent corriger le deffault.

6.

Par la Guyenne infinité d'Anglois
Occuperont par nom d'Anglaquitaine

D.1

Du Langudoc Ifpalme Bourdelois.
Qu'ils nommeront apres Barboxitaine.

7.

Qui ouvrira le monument trouvé,
Et ne viendra le ferrer promtement,
Mal luy viendra, & ne pourra prouvé
Si mieux doit eftre Roy Breton ou Normand.

8.

Puifnay Roy fait fon pere mettre à mort,
Apres conflict de mort tref inhonnefte :
Efcrit trouvé foubçon donra remort,
Quand loup chaffé pofe fur la chouchette.

9.

Quand lampe ardente de feu inextinguible
Sera trouvée au temple des Veftales,
Enfant trouvé. feu, eau paffant par crible :
Perir eau, Nifmes. Tholofe cheoir les hales.

10.

Moyne moyneffe d'enfant mort expofé,
Mourir par ourfe & ravy par verrier.
Par Fois & Pamyes le camp fera pofé
Contre Tholofe Carcas dreffer forrier.

11.

Le jufte à tort à mort l'on viendra mettre
Publiquement, & du milieu eftaint :
Si grande pefte en ce lieu viendra naiftre,
Que les jugeans fuyr feront contraints.

12.

Le tant d'argent de Diane & Mercure
Les fimulachres au lac feront trouvez :
Le figulier cherchant argille veufve
Luy & les fiens d'or feront abbreuvez.

13.

Les Exilez autour de la Solongne
Conduicts de nuict pour marcher en l'Auxois,
Deux de Modene truculent de Bologne,
Mis defcouverts par feu de Burançois.

14.

Mis en planure chauderon d'infecteurs,
Vin, miel & huyle, & baftis fur fourneaux

E 3   Seront

Seront plongez, sans mal dit mal facteurs
Sept. fum. extaint au canon des bourdeaux.

15.

Prés de Parpan les rouges detenus,
Ceux du milieu parfondrez menez loing,
Trois mis en pieces, & cinq mal soustenus,
Pour le Seigneur & Prelat de Bourgoing.

16.

De castel Franco sortira l'assemblée,
L'ambassadeur non plaissant fera scisme :
Ceux de Ribiere seront en la meslée,
Et au grand goulphre desnier ont l'entrée.

17.

Le tiers premier pis que ne fit Neron,
Vuidez vaillant que sang humain respandre :
R'édifier fera le forneron,
Siecle d'or, mort, nouveau Roy grand esclandre.

18.

Le lys Dauffois portera dans Nansi,
Jusques en Flandres Electeur de l'Empire,
Neufve obturée au grand Montmorency,
Hors lieux prouvez delivre à clere peine.

19.

Dans le milieu de la forest Mayenne,
Sol au Lyon la foudre tombera,
Le grand bastard yssu du grand du Maine,
Ce jour Fougeres pointe en sang entrera.

20.

De nuict viendra par la forest de Reines,
Deux pars vaultorte Herne la pierre blanche,
Le moine noir en gris dedans Varennes
Esleu cap. cause tempeste, feu, sang tranche.

21.

Au temple haut dé Bloys sacre Salonne,
Nuict pont de Loyre, Prelat, Roy perniçant :
Curseur victoire aux marests de la Lone,
D'où prelature de blancs abormeant.

22.

Roy & sa court au lieu de langue halbe,
Dedans le temple vis à vis du palais

Dans

Dans le jardin Duc de Mantor & d'Albe,
Albe & Mantor poignard langue & palais.

23.

Puifnay joüant au fresch deffous la tonne,
Le haut du toict du millieu fur la tefte :
Le pere Roy au temple fainct Salonne,
Sacrifiant facrera fum de fefte.

24.

Sur le palais au rocher des feneftres
Seront ravis les deux petits royaux,
Paffer aurelle Luthece Denis cloiftres,
Nonnain, Mallods avaller verts noyaux.

25.

Paffant les Ponts venir prés des rofiers,
Tard arrivé pluftoft qu'il cuydera,
Viendront les noves Efpagnols à Befiers,
Qu'icelle chaffe emprinfe caffera.

26.

Nice fortie fut nom des lettres afpres,
La grande cappe fera prefent non fien :
Proche de Vultry aux murs de vertes capres
Apres plombim le vent à bon effien.

27.

De bois la garde, vent clos rond pont fera,
Haut le receu frappera le Dauphin,
Le vieux teccon bois unis paffera,
Paffant plus outre du Duc le droict confin.

28.

Voille Symacle pour Maffiliolique,
Dans Venife port marcher aux Pannons :
Partir du goulfre & Synus Illyrique,
Vaft à Socille, Ligurs coups de canons.

29.

Lors que celuy qu'a nul ne donne lieu,
Abandonner viendra lieu prins non prins :
Feu Nef par faignes, Regiment à Charlieu,
Seront Guines, Calais, Oye reprins.

30.

Au port de PUOLA & de fainct Nicolas,
Peril Normande au goulfre Phanatique,

Cap.

Cap. de Bifance ruës crier helas,
Secours de Gaddes & du grand Philippique.

31.

Le tremblement de terre à Mortara,
Caffich fainct George à demy perfondrez,
Paix affoupie, la guerre efveillera,
Dans temple à Pafques abyfmes enfondrez.

32.

De fin prophire profond collon trouvée
Deffous la laze efcripts capitolin :
Os poil retors Romain force prouvée.
Claffe agiter au port de Methelin.

33.

Hercules Roy de Rome & d'Annemarc,
De Gaule trois le Gujon furnommé,
Trembler l'Itale & l'onde de fainct Marc,
Fremier fur tous Monarque renommé.

34.

La part fous mary fera mitré,
Retour conflict paffera fur la thuille :
Par cinq cens un trahyr fera tiltré,
Narbon & Saulce par contaux avons d'huille.

35.

Et Ferdinand blonde fera defcorte,
Quitter la fleur, fuyuve le Macedon,
Au grand befoing defaillira fa route,
Et marchera contre le Myrmidon.

36.

Un grand Roy prins entre les mains d'un jeune,
Non loin de Pafques. confufion coup. cultre,
Perpet. captifs que foudre en la hune
Trois freres lors fe blefferont, & murtre.

37.

Pont & molins en Decembre verfez,
En fi hault lieu montera la Garonne :
Murs, edifice, Tholofe renverfez,
Qu'on ne fçaura fon lieu autant matronne.

38.

L'entrée de Blaye par Rochelle & l'Anglois,
Paffera outre le grand Aemathien.

Non

Non loing d'Agen attendra le Gaulois,
Secours Narbonne deceu par entretien.

39.

En Arbiffelle, Vezame, & Crevari,
De nuict conduicts par Savone attraper,
Le vif Gafcon, Giury, & la Charry,
Derrier mur vieux & neuf palais gripper.

40.

Prés de Quintin dans la foreft bourlis,
Dans l'Abbaye feront Flamans tranchés :
Les deux puifnais de coups my eftourdis,
Suitte oppreffée & garde tous achés.

41.

Le grand CHYREN foy faifir d'Avignon,
De Rome lettres en miel plein d'amertume
Lettre ambaffade partir de Chanignon,
Carpentras prins par duc noir rouge plume.

42.

De Barcelonne, de Gennes & Venife,
De la Secille pefte Monet unis,
Contre Barbare claffe prendront la vife,
Barbar poulfé bien loing jufqu'à Thunis.

43.

Proche à defcendre l'armée Crucigere,
Sera guetté par les Ifmaëlites,
De tous coftez batus par nef Raviere,
Prompt affaillis de dix galeres eflites.

44.

Migrés, migrés de Geneve treftous,
Saturne d'or en fer fe changera,
Le contre R A Y P O Z exterminera tous,
Avant l'advent le Ciel fignes fera.

45.

Ne fera foul jamais de demander,
Grand MENDOSUS obtiendra fon empire,
Loing de la court fera contremander,
Piedmont, Picart, Paris Tyrton la pire.

46.

Vuydez, fuyez de Tholoufe les rouges
Du facrifice faire expiation,

E 5   Le

Le chef du mal deſſous l'ombre des courges
Mort eſtrangler carne omination.

47.

Les fouſſignez d'indigne delivrance,
Et de la mulcte auront contrire advis,
Changé monarque mis en pareille trenſe,
Serrez en cage ſe verront vis à vis.

48.

La grand cité d'Occean maritime,
Environnée de marets en criſtal :
Dans le ſtolſtice hyemal & la prime,
Sera tentée de vent eſpouvental.

49.

Gand & Brucelles marcheront contre Anvers,
Senat de Londres mettront à mort leur Roy,
Le ſel & vin luy feront à l'envers,
Pour eux avoir le regne en deſarroy.

50.

MENDOSUS toſt viendra à ſon haut regne,
Mettant arriere un peu le Nolaris,
Le Rouge bleſme, le maſle à l'interregne.
Le jeune crainte & frayeur Barbaris.

51.

Contre les rouges ſectes ſe banderont,
Feu, eau, fer, corde par paix ſe minera,
Au point mourir ceux qui machineront,
Fors un que monde ſur tout ruynera.

52.

La paix s'approche d'un coſté & la guerre
Oncques ne fut la pourſuite ſi grande,
Plaindre homme, femme, ſang innocent par terre
Et ce ſera de France à toute bande.

53.

Le Neron jeune dans les trois cheminées
Fera de paiges vifs pour ardoir jetter,
Heureux qui loing ſera de tels menées,
Trois de ſon ſang le feront mort guetter.

54.

Arrivera au port de Corſibonne,
Prés de Ravenne qui pilera la dame,

En

En mer profonde legat de l'Ulisbonne
Sous roc cachez raviront septante ames,

55.

L'horrible guerre qu'en Occident s'appreste,
L'an ensuivant viendra la pestilence
Si fort terrible, que jeune, vieil, & beste,
Sang, feu, Mercur, Mars, Jupiter en France.

56.

Camp pres de Noudam passera Goussan ville,
Et à Majotes laissera son enseigne.
Convertira en instant plus de mille,
Cherchant les deux remettre en chaine & legne.

57.

Au lieu de D R U X un Roy resposera,
Et cherchera loy changeant d'Anatheme,
Pendant le ciel si tresfort tonnera,
Portée neufve Roy tuera soy-mesme.

58.

Au costé gauche à l'endroit de Vitry,
Seront guettez les trois rouges de France,
Tous assommez rouge, noir non meurdry,
Par les Bretons remis en asseurance.

59.

A la Ferté prendra la Vidame.
Nicol tenu rouge qu'avoit produit la vie.
La grand Loy se naistra que fera chame.
Donnant Bourgongne à Bretons par envie:

60.

Conflict Barbar en la Cornette noire,
Sang espandu trembler la Dalmatie,
Grand Ismaël mettra son promontoire,
Ranes trembler, secours Lusitanie.

61.

La pille faite à la coste marine,
In citta nova & parens amenez,
Plusieurs de Malte par le fait de Messine,
Estroit serrez seront mal guerdonnez.

62.

Au grand de Chera aussi de mont agora,
Seront croisez par rang tous attachez,

Le

Le pertinax Oppi, & Mandragora,
Raugon d'Octobre le tiers feront laschez.

63.

Plainctes & pleurs, cris, & grands hurlements
Prés de Narbon à Lyonne & en Foix
O quels horribles calamitez changemens,
Avant que Mars revolu quelques fois.

64.

D'Æmathion paſſer monts Pyrenées,
En Mars Narbon ne ſera reſiſtance,
Par mer & terre fera ſi grand menée,
Cap nayant terre ſeure pour demeurance.

65.

Dedans le coing de Luna viendra rendre,
Où ſera prins & mis en terre eſtrange,
Les fruicts immeurs ſeront à grand eſclandre,
Grand vitupere, à l'un grande loüange.

66.

Paix, union ſera & changement,
Eſtats, Offices, bas hault, & hault bien bas,
Dreſſer voyage, le fruict premier torment,
Guerre ceſſer, civils proces, debats.

67.

Du hault des monts à l'entour de Dizére
Fort à la roche, Valent. cent aſſemblez
De chaſteau neuf Pierre late en douzere,
Contre le Creſt Romans foy aſſemblez.

68.

Du mont Aymar ſera noble obſcurcie,
Le mal viendra au joinct de Saone & Roſne,
Dans bois cachez ſoldats jour de Lucie,
Qui ne fut onc un ſi horrible throſne.

69.

Sur le mont de Bailly & la Breſle
Seront cachez de Grenoble les fiers,
Outre Lyon, Vien. eulx ſi grand greſle,
Langoult en terre n'en reſtera un tiers.

70.

Harnois trenchans dans les flambeaux cachez
Dedans Lyon le jour du Sacrement,

Ceux

Ceux de Vienne seront trestous hachez
Par les Cantons Latins. Mascon ne ment.

71.

Aux lieux sacrez animaux veu à trixe,
Avec celuy qui n'osera le jour,
A Carcassonne pour disgrace propice,
Sera posé pour plus ample sejour.

72.

Encor seront les saincts temples pollus,
Et expillez par Senat Tholosain,
Saturne deux trois siecles revollus,
Dans Auril, May, gens de nouveau levain.

73.

Dans Fois entrez Roy cerulée Turban,
Et regnera moins evolu Saturne,
Roy Turban blanc & Bizance cœur ban,
Sol, Mars, Mercure ensemble prés la hurne.

74.

Dans la cité de Fertsod homicide,
Fait & fait multe beuf arant ne macter,
Retour encores aux honneurs d'Artemide,
Et à Vulcan corps morts sepulturer.

75.

De l'Ambraxie & du pays de Thrace,
Peuple par mer mal & secours Gaulois,
Perpetuelle en Provence la trace,
Avec vestiges de leur coustume & loix.

76.

Avec le noir Rapax & sanguinaire,
Yssu du peaultre de l'inhumain Neron,
Emmy deux fleuves main gauche militaire,
Sera meurtry par Joyne chaulveron.

77.

Le regne prins le Roy conviera,
La dame prinse à mort jurez à sort,
La vie à Royne fils on desniera,
Et la pellix au fort de la consort.

78.

La dame Grecque de beauté laydique,
Heureuse faicte de proces innumerable,

Hors

Hors tranflatée au regne Hifpanique,
Captive prinfe mourrir mort miferable.

79.

Le chef de claffe, par fraude ftratageme,
Fera timides fortir de leurs galleres,
Sortis meurtris chef renieux de crefme,
Puis par l'embufche luy rendront les faleres.

80.

Le Duc voudra les fiens exterminer,
Envoyera les plus forts lieux eftranges,
Par Tyrannie Bize & Luc ruyner,
Puis les Barbares fans vin feront vendanges.

81.

Le Roy rufé entendra fes embufches
De trois quartiers ennemis affaillir,
Un nombre eftrange larmes de coqueluches
Viendra Lemprin du traducteur faillir.

82.

Par le deluge & peftilence forte,
La cité grande de long temps affiegée,
La fentinelle & garde de main morte,
Subite prinfe, mais de nul oultragée.

83.

Sol vingt de Taurus fi fort terre trembler,
Le grand theatre remply ruinera,
L'air, ciel & terre obfcurcir & troubler,
Lors l'infidele Dieu & faincts voquera.

84.

Roy expofé parfaira l'hecatombe,
Apres avoir trouvé fon origine,
Torrent ouvrir de marbre & plomb la tombe,
D'un grand Romain d'enfeigne Medufine.

85.

Paffer Guienne, Languedoc & le Rofne,
D'Agen tenans de Marmande & la Roole,
D'ouvrir par foy parroy, Phocen tiendra fon trofne,
Conflict auprez fainct Pol de Maufeole.

86.

Du bourg Lareyne parviendront droit à Chartes
Et feront prés du pont Anthoni paufe,

Sept

Sept pour la paix cauteleux comme Martres,
Feront entrée d'armée à Paris clause.

87.

Par la forest du Touphon essartée,
Par hermitage sera posé le temple,
De Duc d'Estempes par sa ruse inventée,
Du mont Lehori prelat donra exemple.

88.

Calais, Arras secours à Theroanne,
Paix & semblant simulera l'escoute,
Soulde d'Allobrox descendre par Roane
Destournay peuple qui defera la route.

89.

Sept ans sera PHILIP. fortune prospere.
Rabaissera des BARBARES l'effort.
Puis son midy perplex, rebours affaire,
Jeune ognion abysmera son fort.

90.

Un Capitaine de la grand Germanie
Se viendra rendre par simulé secours
Au Roy des Roys ayde de Pannonie,
Que sa revolte fera de sang grand cours.

91.

L'horrible peste Perynte & Nicopolle,
Le Cherfonnez tiendra & Marceloyne,
La Theslalie vastera l'amphilpolle,
Mal incogneu, & le refus d'Anthoine.

92.

Le Roy voudra dans cité neufve entrer
Par ennemis expugner l'on viendra
Captif libere faulx dire & perpetrer,
Roy dehors estre, loin d'ennemis tiendra.

93.

Les ennemis du fort bien esloignez,
Par chariots conduict le bastion,
Par sur les murs de Bourges esgrongnez.
Quand Hercules battra l'Hæmathion.

94.

Foibles galeres seront unis ensemble,
Ennemis faux le plus fort en rempart :

Foible

Foible affaillis Vratiflave tremble,
Lubecq & Myfne tiendront barbare part.

95.

Le nouveau faict conduira l'exercite,
Proche apamé jufqu'aupres du rivage,
Tendant fecours de Milanoife eflite,
Duc yeux privé à Milan fer de cage.

96.

Dans cité entrer exercit defniée,
Duc entrera par perfuafion,
Aux foibles portes clam armée amenée,
Mettront feu, mort, de fang effufion.

97.

De mer copies en trois parts divifées,
A la feconde les vivres failleront,
Defefperez cherchant champs Helifées,
Premiers en breche entrez victoire auront.

98.

Le affligez par faute d'un feul taint,
Contremenant à partie oppofite,
Aux Lygonnois mandera que contraint
Seront de rendre le grand chef de Molite.

99.

Vent Aquilon fera partir le fiege,
Par murs jetter cendres, chaulx, & pouffiere :
Par pluye apres qui leur fera bien piege,
Dernier fecours encontre leur frontiere.

100.

Navalle pugne nuict fera fuperée,
Le feu, aux navez à l'Occident ruine :
Rubriche neufve, la grand nef colorée ;
Ire à vaincu, & victoire en bruine.

LES VRAYES CENTURIES

ET PROPHETIES

De Maistre MICHEL NOSTRADAMUS.

CENTURIE DIXIESME.

1.

L'ennemy, l'ennemy foy promise,
Ne se tiendra, les captifs retenus :
Prins preme mort, & le reste en che-
mise,
Donnant le reste pour estre secou-
rus.

2.

Voile gallere voil de nef cachera,
La grande classe viendra sortir la moindre,
Dix naves proches le tourneront pousser,
Grande vaincue unies à soy joindre.

3.

En apres cinq troupeau ne mettra hors
Un fuytif pour Penelon laschera,
Faux murmurer secours venir par lors,
Le chef, le siege lors abandonnera.

4.

Sus la minuict conducteur de l'armée
Se sauvera subit esvanouy,
Sept ans apres la fame non blasmée,
A son retour ne dira oncq ony.

5.

Albi & Castres feront nouvelle ligue,
Neuf Arriens Lisbon & Portugués,
Carcas, Tholouse consumeront leur brigue,
Quand chef neuf monstre istra de Lauragués.

6

Gardon Nyme Eaux si hault desborderont,
Qu'on cuidera Deucalion renaistre,

Dans

Dans le coloſſe la plus part fuyront,
Veſta ſepulchre fut eſtaint à paroiſtre.

7.

Le grand conflit qu'on appreſte à Nancy,
L'Æmathien dira tout je ſoubmets,
L'Iſle Britanne par vin, ſel en ſolcy,
Hem. mi. deux Phi. long temps ne tiendra Mets.

8.

Index & poulſe parfondera le front
De Senegalir le Comte à ſon fils propre
La Myrnamée par pluſieurs de prin front
Trois dans ſept jours bleſſez more.

9.

De Caſtillon figujeres jour de brune,
De femme infame naiſtra ſouverain prince
Surnom de chauſſes perhume luy poſthume,
Onc Roy ne fut ſi pire en ſa province.

10.

Taſche de meurdre enormes adulteres,
Grand ennemy de tout le genre humain
Que ſera pire qu'ayeuls, oncles, ne peres
En fer, feu, eau, ſanguin & inhumain.

11.

Deſſous Jonchere du dangereux paſſage
Fera paſſer le poſthume ſa bande,
Les monts Pyrens paſſer hors ſon bagage
De Parpignan couvrira Duc à Tende.

12.

Eſleu en Pape, d'eſleu ſera mocqué,
Subit ſoudain eſmeu prompt & timide,
Par trop bon doux à mourir provoqué,
Crainte eſteinte la nuit de ſa mort guide.

13.

Soulz la paſture d'animaux ruminants
Par eux conduicts au ventre herbipolique
Soldats cachez, les armes bruit menants,
Non loing temptez de cité Antipolique.

14.

Urnel, Vaucile, ſans conſeil, de ſoy meſme,
Hardy, timide, par crainte prins, vaincu;

Ac-

Accompagné de plusieurs putains blesme
A Barcelonne aux chartreux convaincu.

15.

Pere Duc vieux d'ans & de soif chargé,
Au jour extreme fils desniant lesguiere
Dedans le puis vif mort viendra plongé,
Senat au fil la mort longue & legere.

16.

Heureux au regne de France, heureux de vie
Ignorant sang mort fureur & rapine,
Par mon flateur seras mis en envie.
Roy desrobé trop de foy en cuisine.

17.

La Royne Ergaste voyant sa fille blesme,
Par un regret dans l'estomach enclos,
Cris lamentables seront lors d'Angolesme,
Et aux germains mariage forclos.

18.

Le grand Lorrain fera place à Vendosme,
Le haut mis bas, & le bas mis en haut,
Le fils d'Hamon sera esleu dans Rome,
Et les deux grands seront mis en defaut.

19.

Jour que sera par Royne saluée,
Le jour apres le salut, la priere :
Le compte fait raison & valuée,
Par avant humble oncques ne fut si fiere.

20.

Tous les amys qu'auront tenu party,
Pour rude en lettres mis mort & saccagé,
Biens publiez par fixe grand neanty,
Que Romain peuple ne fut tant outragé,

21.

Par le despit du Roy soustenant moindre,
Sera meurdry luy presentant les bagues,
Le pere au fils voulant noblesse poindre
Fait comme à Perse jadis feirent les Magues.

22.

Pour ne vouloir consentir au divorce,
Qui puis apres sera cogneu indigne,

Le

Le Roy des Ifles fera chaffé par force,
Mis à fon lieu qui de Roy n'aura figne.

23.

Au peuple ingrat faiôtes les remonftrances,
Par lors l'armée fe faifira d'Antibe,
Dans l'arc Monech feront les doleances,
Et à Frejus l'un l'autre prendra ribe.

24.

Le Captif prince aux Itales vaincu
Paffera Gennes par mer jufqu'à Marfeille,
Par grand effort des fureurs furvaincu
Sauf coup de feu, barril liqueur d'abeille.

25.

Par Nebro ouvrir de Brifanne paffage,
Bien efloignez el tago fara mueftra,
Dans Perigueux fera commis l'outrage
De la grand dame affife fur l'orcheftra.

26.

Le fucceffeur vengera fon beau frere,
Occuper regne fouz ombre de vengeance,
Occis obftacle fon fang mort vitupere,
Long temps Bretagne tiendra avec la France.

27.

Carle cincquiefme, & un grand Herculés
Viendront le temple ouvrir de main bellique,
Un Colonne, Jule & Afcan reculés,
L'Efpagne, clef, aigle, n'eurent onc fi grand picque.

28.

Second & tiers qui font prime mufique
Sera par Roy en honneur fublimée,
Par graffe & maigre prefque à demy eticque
Rapport de Venus faux rendra deprimée.

29.

De Pol MANSOL dans caverne caprine
Caché & prins extraiôt hors par la barbe,
Captif mené comme befte maftine
Par Begourdans amenée prés de Tarbe.

30.

Nepveu & fang du fainôt nouveau venu,
Par le furnom fouftient arcs & couvert

Se-

Seront chaſſez mis à mort chaſſez nu ,
En rouge & noir convertiront leur vert.

31.

Le ſainct empire viendra en Germanie ,
Iſmaëlites trouveront lieux ouverts ,
Anes voudront auſſi la Carmanie ,
Les ſouſtenans de terre tous couverts.

32.

Le grand empire chacun an devoit eſtre ,
Un ſur les autres le viendra obtenir ,
Mais peu de temps ſera ſon regne & eſtre ,
Deux ans par naves ſe pourra ſouſtenir.

33.

La faction cruelle à robbe longue
Viendra cacher ſouz les pointus poignards
Saiſir Florence le duc & lieu diphlongue ,
Sa deſcouverte par immeurs & flangnards.

34.

Gaulois qu'empire par guerre occupera ,
Par ſon beau frere mineur ſera trahy ,
Par cheval rude voltigeant trainera ,
Du fait le frere long temps ſera hay.

35.

Puiſnay royal flagrand d'ardant libide ,
Pour ſe jouyr de couſine germaine
Habit de femme au temple d'Arthemide :
Allant meurdry par incogneu du Marne.

36.

Apres le Roy du ſoucq guerres parlant ,
L'iſle Harmotique le tiendra à meſpris :
Quelques ans bons rongeant un & pillant
Par tyrannie à l'iſle changeant pris.

37.

Grande aſſemblée prés du lac du Borget ,
Se rallieront prés de Montmelian :
Paſſans plus outre penſifs feront projet ,
Chambry , Moriant combat Sainct-Julian.

38.

Amour alegre non loin poſe le ſiege ,
Au ſainct barbar feront les garniſons ,

Urſins

Urfins Hadrie pour Gaulois feront plaige,
Pour peur rendus de l'armée aux Grifons.

39.

Premier fils veufve mal'heureux mariage,
Sans nuls enfans deux Ifles en difcord,
Avant dixhuict incompetant aage,
De l'autre prés plus bas fera l'accord.

40.

Le jeune nay au regne Britannique.
Qu'aura le pere mourrant recommandé,
Iceluy mort LONOLE donra topique,
Et à fon fils le regne demandé.

41.

En la frontiere de Cauffa & de Charlus,
Non gueres loing du fond de la valée,
De ville Franche mufique à fon de luths,
Environnez combouls & grand mittée.

42.

Le regne humain d'Angelique geniture,
Fera fon regne paix union tenir,
Captive guerre demy de fa clofture,
Long temps la paix leur fera maintenir.

43.

Le trop bon temps, trop de bonté royale,
Faicts & deffaicts prompt, fubit, negligence,
Leger croira faux d'efpoufe loyale.
Luy mis à mort par fa benevolence.

44.

Par lors qu'un Roy fera contre les fiens,
Natif de Bloys fubjuguera. Ligures :
Mammel Cordube & les Dalmatiens,
Des fept puis l'ombre à Roy eftrennes & lemures.

45.

L'ombre du regne de Navarre non vray,
Fera la vie de fort illegitime,
La veu promis incertain de Cambray,
Roy Orleans donra mur legitime.

46.

Vie, fort, mort, de L'OR vilaine indigne,
Sera de Saxe non nouveau electeur :

De

De Brunsuic mandra d'amour signe,
Faux le rendant au peuple seducteur.

47.

De Bourze vile à la dame Guyrlande,
L'on mettra sus par la trahison faicte,
Le grand prelat de Leon per Formande,
Faux pellerins & ravisseurs deffaicte.

48.

Du plus profond de l'Espagne enseigne,
Sortant du bout & des fins de l'europe,
Troubles passant aupres du pont de Laigne,
Sera deffaicte par bande sa grand troupe.

49.

Jardin du monde aupres de cité neufve,
Dans le chemin des montagnes cavées,
Sera saisi & plongé dans la cuve,
Beuvant par force eaux soulphre envenimées.

50.

Le Meuse au jour terre de Luxembourg,
Descouvrira Saturne & trois en l'urne.
Montagne & plaine, ville, cité & bourg,
Lorrain deluge, trahison par grand hurne.

51.

Des lieux plus bas du pays de Lorraine,
Seront des basses Allemagnes unis,
Par ceux du siege Picards, Normans, du Maisne
Et aux cantons se feront reünis.

52.

Au lieu où L A Y E & Scelde se marient,
Seront les nopces de long temps maniées,
Au lieu d'Anvers où la crappe charient,
Jeune vieillesse conforte intaminée.

53.

Les trois pellices de loing s'entrebatront,
La plus grand moindre demeurera à l'escoute :
Le grand Selin n'en sera plus patron,
Le nommera feu pelte blanche routte.

54.

Né en ce monde par concubine furtive,
A deux hault mise par les tristes nouvelles,

Entre

Entre ennemis fera prinfe captive,
Et amenée à Malings & Bruxelles.

55.

Les mal'heureufes nopces celebreront
En grande joye mais la fin mal'heureufe :
Mary & mere nore defdaigneront,
Le Phybe mort, & nore plus pitieufe.

56.

Prelat royal fon baiffant trop tiré,
Grand flux de fang fortira par fa bouche,
Le regne Anglicque par regne refpiré,
Long temps mort vif en Tunis comme fouche.

57.

Le fublevé ne cognoiftra fon fceptre,
Les enfans jeunes des plus grands honnira :
Oncques ne fut un plus ord cruel eftre,
Pour leurs efpoufes à mort noir bannira.

58.

Au temps du dueil que le felin monarque,
Guerroyera le jeune Æmathien :
Gaule branfler, percliter la barque,
Tenter Phoffens au Ponant entretien.

59.

Dedans Lyon vingt & cinq d'une halaine,
Cinq citoyens, Germains, Breffans, Latins,
Par deffous noble conduiront longue traine,
Et defcouvers par abbois de maftins.

60.

Je pleure Niffe, Mannego, Pize, Gennes,
Savone, Sienne, Capue, Modene, Malte :
Le deffus fang & glaive par eftrennes,
Feu, trembler terre, eau, mal'heureufe nolte.

61.

Betta, Vienne, Emorre, Sacarbance,
Voudront livrer aux Barbares Pannone :
Par picque & feu, enorme violance,
Les conjurez defcouverts par matrone.

62.

Prés de Sorbin pour affaillir Ongrie,
L'heraut de Brudes les viendra advertir,

Chef

Chef Bizantin, Sallon de Sclavonie,
A loy d'Arabes les viendra convertir.

63.

Cydron, Raguse, la cité au sainct Hieron,
Reverdira le medicant secours,
Mort fils de Roy par mort de deux heron,
L'Arabe, Ongrie feront un mesme cours.

64.

Pleure Milan, pleure Lucques, Florence,
Que ton grand Duc sur le char montera,
Changer le siege pres de Venise s'advance,
Lors que Colonne à Rome changera.

65.

O vaste Rome ta ruine s'approche,
Non de tes murs, de ton sang & substance :
L'aspre par lettres fera si horrible coche,
Fer poinctu mis à tous jusques au manche :

66.

Le chef de Londres par regne l'Americh,
L'isle d'Escosse t'empiera par gelée :
Roy Rebauront un si faux Antechrist,
Que les mettra trestous dans la mesléc :

67.

Le tremblement si fort au mois de May,
Saturne, Caper, Jupiter, Mercure au bœuf :
Venus aussi, Cancer, Mars en Nonnay,
Tombera gresle lors plus grosse qu'un œuf.

68.

L'armée de mer devant cité tiendra,
Puis partira sans faire longue allée :
Citoyens grande proye en terre prendra,
Retourner classe reprendre grande emblée.

69.

Le fer luisant de neuf vieux eslevé,
Seront si grands par midy, Aquilon,
De sa sœur propre grandes alles levé :
Fuyant meurdry au buisson d'ambellon.

70.

L'œil par object fera telle excroissance,
Tant & ardente que tombera la neige,

F

Champ

Champ arroufé viendra en decroiffanc,
Que le primat fuccombera à Rege.

71.

La terre & l'air geleront fi grand eau,
Lors qu'on viendra pour jeudy venerer :
Ce qui fera jamais ne fut fi beau,
Des quatre parts le viendront honorer.

72.

L'an mil neuf cens nonante neuf fept mois
Du ciel viendra un grand Roy d'effrayeur
Refufciter le grand Roy d'Angoulmois.
Avant apres Mars regner par bon heur.

73.

Le temps prefent avecques le paffé
Sera jugé par grand Jovialifte,
Le monde tard par luy fera laffé,
Et defloyal par le clergé jurifte.

74.

An revolu du grand nombre feptiefme,
Apparoiftra au temps jeux d'Hecatombe,
Non efloigné du grand aage milliefme,
Que les entrez fortiront de leur tombe.

75.

Tant attendu ne reviendra jamais!
Dedans l'Europe, en Afie apparoiftra
Un de la ligue yffu du grand Hermés,
Et fur tous Roys des Orients croiftra.

76.

Le grand Senat decernera la pompe,
A un qu'apres fera vaincu, chaffé :
Des adherans feront à fon de trompe,
Biens publiez, ennemy dechaffé.

77.

Trente adherans de l'ordre des quirettes
Bannis, leurs biens donnez fes adverfaires,
Tous leurs bienfaits feront pour demerites
Claffe efpargie delivrez aux corfaires.

78.

Subite joye en fubite trifteffe,
Sera à Rome aux graces embraffées.

Dueil,

Dueil, cris, pleurs, larm. fang excellent lieffe
Contraires bandes furprinfes & troulfées.

79.

Les vieux chemins feront tous embellis,
L'on paffera à Memphis fomentrées,
Le grand Mercure d'Hercules fleur de lys
Faifant trembler terre mer, & contrées.

80.

Au regne grand du grand regne regnant,
Par force d'armes les grands portes d'airain
Fera ouvrir, le Roy & Duc joignant,
Port demoly, nef à fons, jour ferain.

81.

Mis threfor temple citadins Hefperiques
Dans iceluy retiré en fecret lieu
Le temple ouvrir les liens fameliques.
Reprens, ravis, proye horrible au milieu.

82.

Cris, pleurs, larmes viendront avec coteaux
Semblant fuir donront dernier affault
L'entour parqués planter profons plateaux,
Vifs repouffez & meurdris de plein fault.

83.

De batailler ne fera donné figne,
Du parc feront contraints de fortir hors,
De Gand l'entour fera cogneu l'enfeigne,
Qui fera mettre de tous les fiens à mort.

84.

La naturelle à fi haulte non bas
Le tard retour fera marris contens,
Le Recloing ne fera fans debats,
En emploiant & perdant tout fon temps.

85.

Le vieil tribun au point de la trehemide
Sera preffé captif ne delivrer,
Le veil, non veil le mal parlant timide
Par legitime à fes amis livrer.

86.

Comme un gryphon viendra le Roy d'Europe
Accompagné de ceux d'Aquilon,

De rouges & blancs conduira grande trouppe
Et iront contre le Roy de Babylon.

87.

Grand roy viendra prendre port pres de Nisse
Le grand empire de la mort si en fera
Aux Antipolles, posera son genisse,
Par mer la Pille tout évanouyra.

88.

Pieds & Cheval à la seconde veillé
Feront entrée vastant tout par la mer,
Dedans le poil entrera de Marseille,
Pleurs, crys, & sang, onc nul temps si amer.

89.

De brique en marbre seront les murs reduicts,
Sept & cinquante années pacifique,
Joye aux humains, renoüé l'aqueduict,
Santé, grands fruits, joye & temps mellifique.

90.

Cent fois mourra le tyran inhumain,
Mis à son lieu sçavant & debonnaire,
Tout le senat sera dessoubs sa main,
Fasché sera par malin temeraire.

91.

Clergé Romain l'an mil six cens & neuf,
Au chef de l'an fera election
D'un gris & noir de la Compagnie yssu,
Qui onc ne fut si maling.

92.

Devant le pere l'enfant sera tué,
Le pere apres entre cordes de jonc,
Genevois peuple sera esvertué,
Gisant le chef au milieu comme un tronc.

93.

La barque neufve recevra les voyages,
Là & aupres transfereront l'empire :
Beaucaire, Arles retiendront les hostages,
Prés deux colomnes trouvées de porphire.

94.

De Nismes, d'Arles, & Vienne contemner,
N'obeyr tout à l'edict Hesperique :

Au

Au labourier pour le grand condamner,
Six eſchappez en habit ſeraphicque.

95.

Dans les Eſpagnes viendra Roy tres-puiſſant,
Par mer & terre ſubjugant le midy :
Ce mal fera, rabaiſſant le croiſſant,
Baiſſer les æſles à ceux du vendredy.

96.

Religion du nom des mers vaincra,
Contre la ſecte fils Adaluncatif,
Secte obſtinée deplorée craindra,
Des deux bleſſez par Aleph & Aleph.

97.

Triremes pleines tout aage captifs,
Temps bon à mal, le doux pour amertume :
Proye à Barbares trop toſt feront haſtifs,
Cupide de voir plaindre au vent la plume.

98.

La ſplendeur claire à pucelle joyeuſe
Ne luyra plus long temps ſera ſans ſel :
Avec marchans, ruffiens, loups odieuſe,
Tous peſle meſle monſtre univerſel.

99.

La fin le loup, le lyon, bœuf & l'aſne,
Timide dama ſeront avec maſtins,
Plus ne cherra à eux la douce manne,
Plus vigilance & cuſtode aux maſtins.

100.

Le grand empire ſera par Angleterre,
Le Pempotan des ans plus de trois cens :
Grandes copies paſſer par mer & terre,
Les Luſitains n'en feront pas contens.

F I N.

*Adjouſté depuis l'impreſſion
de 1568.*

Quand le fourchu ſera ſouſtenu de deux paux,
Avec ſix demy cors, & ſix ſizeaux ouvers :
Le treſpuiſſant Seigneur, heritier des crapaux,
Alors ſubjuguera, ſous ſoy tout l'univers.

PROPHETIES DE MAISTRE

Noſtradamus.

CENTURIE XI.

91.

Meyſinier, Manthi, & le tiers qui viendra
Peſt & nouveau inſult, enclos troubler :
Aix & les lieux fureur dedans mordra
Puis les Phociens viendront leur mal dou-
bler.

97.

Par Ville-franche, Maſcon en deſarroy :
Dans les fagots feront ſoldats cachez.
Changer de temps en prime pour le Roy.
Par de Chalon & Moulins tous hachez.

PROPHETIES DE MAISTRE

Noſtradamus.

CENTURIE XII.

4.

Feu, flamme, faim, furt, farouche, fumée
Fera faillir, froiſſant fort, foy faucher :
Fils de Denté. toute Provence humée.
Chaſſé de regne. enragé ſans cracher.

24.

Le grand ſecours venu de la Guyenne,
S'arreſtera tout aupres de Poictiers.

Lyon

Lyon rendu par Mont-Luel & Vienne,
Et saccahez par tout gens de meftiers,

36.

Affault farouche en Cypre fe prepare,
La larme à l'œil, de ta ruine proche :
Byzance claffe, Morifque fi grand tare,
Deux differents. le grand vaft par la roche.

52.

Deux corps, un chef. champs divifez en deux
Et puis refpondre à quatre non ouys,
Petits pour Grands. à pertuis mal pour eux.
Tour d'Aigues foudre. pire pour Euffovis.

55.

Triftes confeils defloyaux, cauteleux,
Advis mefchant, la Loy fera trahie,
Le peuple efmeu, farouche, querelleux :
Tant bourg que ville. toute la paix haïe.

56.

Roy contre Roy & le Duc contre Prince,
Haine entre iceux, diffenfion horrible.
Rage & fureur fera toute province :
France grand guerre & changement terrible.

59.

L'accord & pache fera du tout rompuë :
Les amitiez polluës par difcorde,
L'haine envieillie, toute foy corrompuë,
Et l'efperance, Marfeille fans concorde.

62.

Guerres, debats à blois guerre & tumulte,
Divers aguets. adveux inopinables.
Entrer dedans Chafteau Trompette, infulte.
Chafteau du Ha. qui en feront coulpables.

65.

A tenir fort par fureur contraindra,
Tout cœur trembler. Langon advent terrible
Le coup de pied mille pieds fe rendra.
Guirond. Guaron. ne furent plus horribles.

69.

E ɪ o v ᴀ s proche, efloigner lac Leman :
Fort grands apprefts. retour, confufion.

F 4   Loin

Loin des nepveux, du feu grand Supelman,
Tous de leur suyte. *

71.

Fleuves, rivieres de mal seront obstacles,
La vieille flame d'ire non appaisée,
Courir en France. cecy comme d'oracles :
Maisons, manoirs, palais, secte rasée,

F I N.

PRE-

PRESAGES TIREZ DE CEUX
FAITS PAR

Mr. NOSTRADAMUS,
ês années mil cinq cens cinquante cinq & fuyvantes.
1555.

D'un prefage fur ladite année.

1.

D'Efprit divin l'ame prefage atteinte
Trouble, famine, pefte, guerre courir,
Eaux, ficcitez, terre & mer de fang teinte,
Paix, trefve, à naiftre Prelats, Princes mourir.

De l'Epiftre luminaire fur ladite année.

2.

La mer Tyrrhene, l'Occean par la garde
Du grand Neptun & fes tridens foldats.
Provence feure par la main du grand Tende.
Plus Mars Narbon l'heroiq de Vilars.

3.   *Janvier.*

Le gros airan qui les heures ordonne,
Sur le trefpas du Tyran caffera :
Pleurs, plaintes, & cris. eaux glace pain ne donne,
V. S. C. paix. l'armée paffera.

4.   *Fevrier.*

Prés du Leman frayeur fera grande
Par le confeil, cela ne peut faillir.

F 5   *Le*

Le nouveau Roy fait apprester sa bande.
Le jeune meurt. faim, peur fera faillir,

5.   *Sur Mars.*

O Mars cruel, que tu seras à craindre.
Plus est la Faux avec l'Argent conjoint
Classe, copie, eau, vent. l'ombriche craindre.
Mer, terre tresve L'amy à L. V. s'est joint.

6.   *Avril.*

De n'avoir garde seras plus offensé.
Le foible fort, l'inquiet pacifique.
La faim on crie. le peuple est oppressé,
La mer rougir. le Long fier & inique.

7.   *May.*

Le cinq, six, quinze, tard & tost l'on sejourne.
Le né sang fin : les citez revoltées.
L'heráut de paix vint & trois s'en retourne.
L'ouvert cinq serre. nouvelles inventées.

8.   *Juin.*

Loin prés de l'Urne le malin tourne arriere.
Qu'au grand Mars feu donra empeschement
Vers l'Aquilon au midy la grand fiere.
FLORA tiendra la porte en pensement.

9.   *Juillet.*

Huit, quinze & cinq quelle desloyauté
Viendra permettre l'explorateur malin.
Feu du Ciel, foudre. peur, frayeur Papauté,
L'Occident tremble. trop serre vin Salin,

10.   *Aoust.*

Six, douze, treize, vint parlera la Dame.
Laisné sera par femme corrompu,
Dijon, Guyenne gresle, foudre l'entame.
L'insatiable de sang & vin repu.

11.   *September.*

Pleurer le Ciel. à-il cela fait faire ?
La mer s'appreste. Annibal fait ses ruses.
Denys moüille. classe tarde. ne taire
N'a sçeu secret. & à quoy tu t'amuses ?

12.   *October.*

Venus Neptune poursuivra l'entreprise.
Serrez pensifs. troublez les opposans.

Classe

Claſſe en Adrie. citez vers la Tamiſe.
Le quart bruit bleſſe de nuiɔt les repoſans.

       13.   *Novembre.*
Le grand du Ciel ſous la Cape donra
Secours. Adrie à la porte fait offre.
Se ſauvera des dangers qui pourra.
La nuit le Grand bleſſé pourſuit le coffre.

       94.   *Decembre.*
La porte exclame trop frauduleuſe & feinte
La gueule ouverte, condition de paix.
Rhoſne au criſtal. eau, neige, glace teinte.
La mort, mort, vent. par pluye caſſé faix.

   1557.   15.   *Janvier.*
L'indigne orné craindra la grand fornaiſe.
L'eſleu premier, des captifs n'en retourne.
Grand bas du monde, L'Itale non alaiſe
Barb. Iſter, Malte. Et le Buy ne retourne.

      16.   *May.*
Conjoint icy, au Ciel appert dépeſche.
Priſe, laiſſée. mortalité non ſeure.
Peu pluye, entrée. le Ciel la terre ſeche.
Defait, mort, pris, arrivé à mal heure.

      17.   *Juin.*
Victor naval. à Houche, Anvers divorce.
Né grand du Ciel feu. tremblement haut brule
Sardaigne bois, Malte Palerme, Corſe.
Prelat mourir. l'un frape ſur la Mule.

      18   *Juillet.*
L'heraut errant du chien au Lion tourne.
Feu ville ardra. pille. priſe nouvelle.
Decouvrir fuſtes. Princes pris. on retourne.
Explor. pris Gall. au grand jointe pucelle.

      19.   *Aouſt.*
De la grand Cour banni. conflit, bleſſé
Eſleu. rendüe. accuſe, mat. mutins.
En feu cité Pyr. eaux venins, preſſé.
Ne voguer onde, ne facher les latins.

      20.   *September.*
Mer, terre aller. foy, loyauté rompuë
Pille, naufrage. à la cité tumulte.

      F 6.   Fier

Fier, cruel acte. ambition repeuë.
Foible offensé : le chef du fait inulte.

21.   *Octobre.*

Froid, grand deluge de regne dechassé
Niez, discord. Trion, Orient mine.
Poison. mis siege. de la Cité chassé.
Retour felice. neuve secte en ruine.

22.   *Novembre.*

Mer close, monde ouvert, cité renduë.
Faillir le Grand. esleu nouveau. grand brume
Floram patere, entrer camp. foy rompuë.
Effort sera severe à blanche plume.

23.   *Decembre.*

Tutelle à Veste. guerre meurt, translatée.
Combat naval. honneur. mort. prelature.
Entrée, decez. France fort augmentée.
Esleu passé. venu à la mal'heure.

1558.   24.   *Januier.*

Puisné Roy fait. funebre epithalame.
Sacrez esmeus. festins, iceux, soupi Mars.
Nuit larme on crie. hors on conduit la Dame.
L'arrest & pache rompu de toutes pars.

25.   *Mars.*

Vaine rumeur dedans la hierarchie.
Rebeller Gennes : courses, insults, tumultes.
Au plus grand Roy sera la monarchie,
Election. conflit, couverts, sepultes.

26.   *Auril.*

Par la discorde defaillir au defaut :
Un tout à coup le remettra au sus.
Vers l'Aquilon seront les bruits si haut,
Lesions, pointes à travers, par dessus.

27.   *May.*

La mer thyrrhene de differente voile.
Par l'Ocean seront divers assaults.
Feste, poison, sang en maison de toile.
Presults. Legate esmeus marcher mer haut.

28.   *Juin.*

La où la foy estoit sera rompuë :
Les ennemis les ennemis paistront.

Feu Ciel pleuvra , ardra , interrompuë
Nuit entreprise. Chefs querelles mettront.

29.   Juillet.

Guerre , tonnerre , mains champs depopulez ,
Frayeur & bruit , assault à la frontiere.
Grand Grand failly. pardo ; aux Exilez.
Germains , Hispans, par mer Barba. banniere.

30.   Aoust.

Bruit sera vain. les defaillans troussez :
Les Razes pris : esleu le Pempotan :
Failliu deux Rouges & quatre bien croisez.
Pluye empeschable au Monarque potent.

31.   Octobre.

Pluye , vent. classe Barbare Ister. Tyrrhene
Passer holcades Ceres , soldats munies.
Reduits bienfaits par Flor. franchie Siene.
Les deux seront morts , amitiez unies.

32.   Novembre.

Venus la belle entrera dedans F L O R E.
Les Exilez secrets lairront la place.
Vefues beaucoup, mort de Grand on deplore.
Oster du regne. le Grand Grand ne menace.

33.   Decembre.

Jeux , festins , nopces mort Prelat de renom.
Bruit , paix de trefue. pendant l'ennemy mine.
Mer , terre & ciel bruit. fait du grand Brennon.
Cris or , argent. l'ennemy l'on ruine.

1559.   34.   Sur ladite année.

Peur, glas. grand pille , passer mer, croistre regne.
Sectes , Sacrez outre mer plus polis.
Peste, chaut , feu. Roy d'Aquilon l'enseigne.
Dresser trophée. cité d'H E N R I P O L I S.

35.   Janvier.

Plus le Grand n'estre. pluye. au char le cristal.
Tumulte esmeu de tous biens abondance.
Razez , Sacrez , neufs, vieux espouvental.
Esleu ingrat. mort , plaint. joye , alliance.

36.   Fevrier.

Grain corrompu. air pestilent. locustes.
Subit cherra. nove nouvelle naistre.

Captifa

Captifs ferrez. legers, haut bas, onuftes,
Par fes os mal qu'à Roy n'a voulu eftre.

37.   Mars.

Saifis au temple , par fe&tes longue brigue.
Efleu ravi. au bois forme querelle.
Septante pars naiftre nouvelle ligue.
De la leur mort. Roy appaifé , nouvelle.

38.   Auril.

Roy falué Victeur ,. Imperateur.
La foy fauffée. le Royal fait cogneu ,
Sang Mathien. Roy fait fuperateur
De gent fuperbe. humble par pleurs venu.

39.   May.

Par le defpit nopces , epithalame.
Par les trois parts Rouges , Razez partis ,
Au jeune noir remis par flamme l'ame ,
Au grand Neptune Ogmius convertis.

40.   Juin.

De maifon fept par mort mortelle fuite.
Grefle, tempefte. peftilent mal, fureurs.
Roy d'Orient , d'Occident tous en fuite
Subjuguera fes jadis conquereurs.

41.   Juillet.

Predons pillez chaleur , grand feichereffe :
Par trop non eftre, cas non veu , inouy.
A l'eftranger la trop grande careffe.
Neuf pays Roy l'Orient esblouy.

42.   Aouft.

L'Urne trouvée. la cité tributaire.
Champs divifez. nouvelle tromperie.
L'Hifpan bleffé. faim, pefte militaire.
Moq. obftiné, confus. mal, refverie.

43.   Septembre.

Vierges & vefues , voftre bon temps s'aproche.
Point ne fera ce que l'on pretendra.
Loin s'en faudra que foit nouvelle approche.
Bien aifez pris. bien remis. pis tiendra.

44.   Octobre.

Icy dedans fe parachevera.
Les 3. Grands hors le BON-BOURG fera loin.

En

En contre deux l'un d'eux conspirera.
Au bout du mois on verra le besoin.

82. Novembre.

Propos tenus nopces recommencées.
La Grande Grande sortira hors de France.
Voix à Romagne de crier non lassée.
Reçoit la paix par trop feinte asseurance.

46. Decembre.

La joye en larmes viendra captiver Mars.
Devant le Grand seront esmeus Divins :
Sans sonner mot entreront par trois pars.
Mars assoupi. dessus glas troutent vins.

1560. 47. Januier.

Journée, diete, interim, ne concile.
L'an paix prepare. peste, faim, schismatique.
Mis hors dedans changer Ciel, domicile.
Fin du congé. revolte hierarchique.

48. Fevrier.

Rompre diete, l'antiq sacré ravoir
Dessous les deux. feu par pardon s'ensuivre.
Hors d'armes Sacre long Rouge voudra avoir.
Paix du neglect. l'Esleu le Vesue vivre.

49. Mars.

Fera paroir esleu de nouveauté
Lieu de journée sortir hors des limites.
La bonté feinte de changer cruauté.
Du lieu suspect sortiront trestous vistes.

50. Auril.

Du lieu esleu Razes n'estre contens :
Du lac Leman conduite non prouvée,
Renouveller on fera le vieil temps.
Espeüillera la trame tant couvée.

51. May.

Pache Allobrox sera interrompu.
Derniere main fera forte levée.
Grand conjuré ne sera corrompu.
Et la nouvelle alliance approuvée.

52. Juillet.

Longue crinite leser le Gouverneur,
Faim, fievré ardante. feu & de sang fumée,

A toug

A tous eſtats Joviaux grand honneur.
Sedition par Razes allumée.

53. Aouſt.

Peſte, faim , feu & ardeur non ceſſée.
Foudre, grand greſle. temple du ciel frapé.
L'Edict , Arreſt , & grieve loy caſſée.
Chef inventeur ſes gens & luy hapé.

54. Septembre.

Privez feront Razes de leurs harnois :
Augmentera leur plus grande querelle.
Pere Liber deceu fulg. Albanois.
Seront rongées ſectes à la moelle.

55. Octobre.

Sera receuë la requeſte decente.
Seront chaſſez & puis remis au ſus.
La Grande Grande ſe trouvera contente.
Aveugles , ſourds feront mis au deſſus.

56. Novembre.

Ne ſera mis. les Nouveaux dechaſſez.
Noir & de Loin & le Grand tiendra fort.
Recourir armes. Exilez plus chaſſez
Chanter victoire. non libres reconfort.

57. Decembre.

Les duels laiſſez , ſupremes alliances.
Razes Grand mort. refus fait à l'entrée :
De retour eſtre. bien fait en oubliance.
La mort du juſte à banquet perpetrée.

1561. 58. Sur ladite année.

Le Roy Roy n'eſtre. du Doux la pernicie.
L'an peſtilent. les eſmeus nubileux.
Tien' qui tiendra. des grands non leticie.
Et paſſera terme de cavilleux.

59. Mars.

Au pied du mur le cendré cordigere ,
L'enclos livré foulant cavalerie.
Du temple hors Mars & le Falcigere
Hors. mis , demis. & ſus la reſverie.

60. Auril.

Le temps purgé, peſtilente tempeſte.
Barbare inſult. fureur , invaſion.

Maux

Maux infinis par ce mois nous apprefte
Et les plus Grands, deux moins , d'irrifion.

61.   *May*.

Joye non longue , abandonné des fiens.
L'an peftilent , le plus Grand affailli.
La Dame bonne aux champs Elyfiens.
Et la plus part des biens froid non cueilly.

62.   *Juin*.

Courfes de LOIN , ne s'apprefter conflicts.
Trifte entreprife. l'air peftilent , hideux.
De toutes parts les Grands feront afflicts.
Et dix & fept affaillir vint & deux.

63.   *Juillet*.

Repris, rendu. efpouvanté du mal.
Le fang par bas , & les faces hideufes.
Aux plus fçavans l'ignare efpouvental :
Perte , haine , horreur. tomber bas la piteufe.

64.   *Aouft*.

Mort & faifi des nonchalans le change
S'eflongnera en s'approchant plus fort.
Serrez unis en la ruine , grange.
Par fecours long eftonné le plus fort.

65.   *October*.

Gris , blancs & noirs , enfumez , & froquez,
Seront remis , demis , mis en leurs fieges ,
Les ravaffeurs fe trouveront mocquez :
Et les Veftales ferrées en fortes rieges.

1562.   66.   *Sur ladite année*.

Saifon d'hiver. ver bon, fain. mal efté.
Pernicieux auton , fec. froment rare.
Du vin affez. mal yeux. faits. molefté
Guerre , mutin. feditieufe tare.

67.   *Jannier*.

Defir occulte pour le bon parviendra.
Religion , paix amour & concorde.
L'epitalame du tout ne s'accordra.
Les haut qui bas & haut mis à la corde.

68.   *Fevrier*.

Pour Razes Chef ne parviendra à bout.
Edicts changez , les ferrez mis au large.

Mor:

Mort Grand trouvé. moins de foy. bas debout.
Dissimulé, transi frappé à bauge.

69.   Mars.

Esmeu de LOIN, de LOIN prés minera.
Pris. captivé. pacifié par femme.
Tant ne tiendra comme on barginera.
Mis non passez, oster de rage l'ame.

70.   Avril.

De LOIN viendra susciter pour mouvoir.
Vain descouvert contre peuple infini.
De nul cogneu le mal pour le devoir.
En la cuisine trouvé mort & fini.

71.   May.

Rien d'accordé, pire plus fort & trouble.
Comme il estoit. terre & mer tranquiller.
Tout arresté ne vaudra pas un double.
Dira l'iniq, Conseil d'annichiler.

72.   Juin.

Portenteux fait,   horrible & incroyable !
Typhon fera esmouvoir les meschans :
Qui puis apres soustenus par le cable,
Et la pluspart exilez sur les champs.

73.   Juillet.

Droit mis au throsne du ciel venu en France.
Pacifié par Vertu l'Univers.
Plus sang espandre. bien tost tourner chance
Par les oyseaux, par feu, & non par vers.

74.   Aoust.

Les coulorez, les Sacres malcontens :
Puis tout à coup par Androgyns alegres.
De la pluspart voir, non venu le temps,
Plusieurs d'entr'eux feront leurs soupes maigres.

75.   Septembre.

Remis seront en leur pleine puissance,
D'un point d'accord conjonts, non accordez.
Tous defiez. plus aux Razes fiance.
Plusieurs d'entr'eux à bande debordez?

76.   Octobre.

Par le legat du terrestre & matin.
La grande Cape à tout s'accommoder.

Estre

Eſtre à l'eſcoute tacite LORVARIN,
Qu'à ſon advis ne voudra accorder.

77.   *Novembre.*

D'ennemi vent empeſchera la troupe.
Le plus grand point mis avant difficil.
Vin de poiſon ſe mettra dans la couppe
Paſſer ſans mal de cheval gros fouſſil.

78.   *Decembre.*

Par le criſtal l'entrepriſe rompuë.
Jeux & feſtins. de LOIN plus repoſer.
Plus ne fera prés des Grands ſa repuë.
Subit catarrhe l'eau beniſte arrouſer.

1563.   79.   *Sur ladite année.*

Le ver ſain, ſang, mais eſmeu. rien d'accord.
Infinis meurtres. captifs, morts, prevenus.
Tant d'eau & peſte. peur de tout, ſonnez cors.
Pris, morts, fuits. grands devenir, venus.

80.   *Jannier.*

Tant d'eau, tant morts, tant d'armes émouvoir.
Rien d'accordé. le Grand tenu captif
Que ſang humain, rage, fureur n'avoir.
Tard penitent. peſte. guerre. motif.

81.   *Fevrier.*

Des ennemis mort de langue s'approche.
Le Debonnaire en paix voudra reduire.
Les obſtinez voudront perdre la proche.
Surpris, captifs, & ſuſpects fureur nuire.

82.   *Mars.*

Peres & meres morts de deuls infinis.
Femmes à deul. la peſtilente monſtre.
Le Grand plus n'eſtre tout le monde finir.
Soubs paix, repos. & treſtous à l'encontre.

83.   *Auril.*

En debats Princes & Chreſtienté eſmeuë.
Gentils eſtranges. ſiege à Chriſt moleſté.
Venu treſmal. prou bien. mortelle veuë.
Mort Orient peſte, faim, mal traité.

84.   *May.*

Terre trembler. tué. prodige, monſtre :
Captifs ſans nombre. faire defaite, faite.

D'alle

D'aller fur mer adviendra malencontre,
Fier contre fier mal fait de contrefaire.

85.   Juin.

L'injufte bas fort l'on moleftera.
Grefle, inonder, threfor, & gravé marbre.
Chef de fuard peuple à mort tuera.
Et attachée fera la lame à l'arbre.

85.   Juillet.

De quel non mal ? inexcufable fuite.
Le feu non duel. le Legat hors confus.
Au plus bleffé ne fera faite luite.
La fin de Juin le fil coupé du fus.

86.   Aouft.

Bons finement affoiblis par accords.
Mars & Prelats unis n'arrefteront.
Les Grands confus par dons incidez corps.
Dignes, indignes, biens indeus faifiront.

88.   Septembre.

De bien en mal le temps fe changera.
Le pache d'Auft. des plus Grands efperance.
Des Grands deul. Luis trop plus, trebuchera.
Congnus Razez pouvoir ni congnoiffance.

89.   Octobre.

Voicy le mois par maux tant à doubter.
Morts, tous, faigner, pefte, faim, quereller.
Ceux du rebours d'exil viendront noter.
Grands, fecrets, morts, non de contreroller.

90.   Novembre.

Par mort mort mordre. confeil, vol. peftifere,
On n'ofera Marius affaillir.
Deucalion un dernier trouble faire.
Peu de gens jeunes : demi morts treffaillir.

91.   Decembre.

Mort par defpit fera les autres luire :
Et en haut lieu de grands maux advenir.
Triftes concepts à chacun viendront nuire,
Temporel digne. la Meffe parvenir.

1564.   92.   Sur ladite année.

L'an fextil pluyes, froment abonder, haines.
Aux hommes joye. Prince, Rois en divorce,

Trou-

Troupeau perir. mutations humaines.
Peuple affoulé : & poifon fous l'efcorce.

47.   Jannier.

Temps fort divers. difcorde defcouverte.
Confeil belliq. changement pris , changé.
La Grande n'eftre. conjurez par eau perte.
Grand fimulté. tous au plus Grand rangé.

94.   Fevrier.

Deluge grand. bruit de mort confpirée.
Renové fiecle. trois Grands en grand difcord.
Par boutefeux la concorde empirée.
Pluye empefchant , confeils malins d'accord.

95.   Mars.

Entre Rois haines on verra apparoiftre ,
Diffenfions & Guerres commencer.
Grand Changement. nouveau tumulte croiftre
L'ordre plebée on viendra offenfer.

96.   Avril.

Secret conjur. confpirer populaire.
La decouverte en machine efmouvoir.
Contre les Grands*
Puis trucidée & mife fans pouvoir.

97.   May.

Temps inconftant. fievres , pefte , langueurs ,
Guerres. debats. temps defolé fans feindre.
Submerfions , Prince à mineurs rigueurs.
Felices Rois & Grands , autre mort craindre.

98.   Juin.

Du lieu feu mis la pefte & fuite naiftre.
Temps variant. vent. la mort de trois Grands :
Du ciel grands foudres eftat des Razes paiftre.
Viel pres de mort. bois peu dedans vergans.

99.   Juillet.

En peril monde & Rois feliciter.
Razes efmeu. par confeil ce qu'eftoit.
L'Eglife Rois pour eux peuple irriter.
Un monftrera apres ce qu'il n'eftoit.

100.   Aouft.

Deluge prés. pefte bouive. neuve
Secte flechir. aux hommes joye vaine.

De

De loy sans loy. mis au devant pour preuve.
Apast, embusche : & deceus couper veine.

101.   Septembre.

Tout inonder. à la Razée perte.
Vol de mur, mort. de tous biens abondance.
Eschapera par manteau decouverte.
Des neuf & vieux sera tournée chance.

102.   Octobre.

La bouche & gorge en servides pustules,
De sept Grands cinq. toux distillante nuire.
Pluye si longue. à non mort tournent bulles.
Le Grand mourir, qui trestous faisoit luire.

103.   Novembre.

Par bruit de feu Grands & Vieux defaillir.
Peste assoupie. une plus grande naistre,
Peste de l'Ara. foin caché, peu cueillir.
Mourir troupeau fertil. joye hors prestre.

104.   Decembre.

Alegre point. douce fureur au Sacre.
Enflez trois quatre & au costé mourir.
Voye defailiir, n'estre à demy au sacre :
Par sept & trois, & par quinte courir.

1565.   105.   Sur ladite année.

Pire cent fois cest an que l'an passé.
Méme aux plus Grands du regne & de l'Eglise
Maux infinis, mort, exil, ruine, cassé.
A mort Grande estre. peste, playes & bille.

106.   Janvier.

Neiges, roüilleures, pluyes & playës grandes.
Au plus Grand joye, pestilence insopie.
Semences, grains beaucoup, & plus de bandes
S'apprefteront. simulte n'amortie.

107.   Fevrier.

Entre les Grands naistre grande discorde.
Le Clerc procere un grand cas brassera :
Nouvelles sectes mettre en haine & discorde.
Tout peuple guerre & change offensera.

108.   Mars.

Secret conjur. changement perilleux.
Secrettement conspirer factions.

Pluyes

Pluyes grands vents. playes par orgueilleux.
Inonder fleuves. peſtifere actions.
109. Auril.
Pulluler peſte. les Sectes s'entrebatre.
Temps moderé. l'hyver peu de retour.
De meſſe & preſche grievement ſoy debatre.
Inondér fleuves. maux, mortels tont autour.
110. May.
Au menu peuple par debats & querelles,
Et par les femmes & defunts grande guerre.
Mort d'une Grande. celebrer eſcroüelles.
Plus grandes Dames expulſées de terre.
111. Juin.
Viduité tant maſles que femelles.
De grands Monarques la vie periclitér.
Peſte, fer, faim. grand peril peſle meſle.
Troubler par changes. petits Grands conciter.
112. Juillet.
Greſle, roüilleure, pluyes & grandes playes,
Preſerver femmes, feront cauſe du bruit,
Mort de pluſieurs, peſte, fer, faim par hayes.
Ciel ſera veu quoy dire qu'il reluit.
113. Aouſt.
Point ne ſera le grain à ſuffiſance.
La mort s'approche à neiger plus que blanc
Sterilité, grain pourri. d'eau bondance.
Le grand bleſſé. pluſieurs de mort de flanc.
114. Septembre.
Guere de fruits, ni grain, arbres & arbriſſeaux.
Grand volataille, procere ſtimuler.
Tant temporel que prelat leonceaux.
TOLANDAD vaincre. proceres reculer.
115. Octobre.
Du tout changé. perſecuter l'un quatre.
Hors maladie. bien loin mortalité.
Des quatre deux plus ne viendront debatre.
Exil, ruine, mort, faim, perplexité.
116. Novembre.
Des grands le nombre plus grands ne ſera tant.
Grands changements, commotions, fer, peſte.

Le

Le peu devis : preſſez, payez contant.
Mois oppoſite gelée fort moleſte.

117.

Forte gelée. glace plus que concorde.
Veſues matrones , feu , deploration.
Jeux , esbats , joye. Mars citera diſcorde.
Par mariages bonne expeɛtation.

1566.　　118.　　*Sur ladite année.*

Aux plus grands mort , jaɛture d'honneur & vio-
lence.
Profeſſeurs de la foy , leur eſtat & leur ſeɛte
Aux deux grandes Egliſes divers bruit de cadence
Maux, voiſins querellans. ſerfs d'Egliſe ſans teſte.

119.　　*Janvier.*

Perte , jaɛture grande , & non ſans violence
Tous ceux de la foy , plus à religion.
Les plus Grands perdront vie , leur honneur & che-
vance
Toutes les deux Egliſes. la coulpe à leur faɛtion.

120.　　*Fevrier.*

A deux fort Grandes naiſtre perte pernitieuſe.
Les plus Grands feront perte. biens , d'honneur &
de vie.
Tant grands bruits couriront , l'urne trop odieuſe
Grands maladies eſtre. preſche , meſſe en envie.

121.　　*Mars.*

Les ſervants des Egliſes leurs Seigneurs trahi-
ront.
D'autres Seig. auſſi par l'indivis des champs.
Voiſins de preche & meſſe entr'eux querelleront.
Rumeurs , bruits augmenter. à mort pluſieurs cou-
chans.

122.　　*Avril.*

De tous biens abondance terre nous produira.
Nul bruit de guerre en France , horſmis ſeditions
Homicides , voleurs par voye on trouvera.
Peu de foy. fievre ardente. peuple en émotion.

123.　　*May.*

Entre peuple diſcorde , inimité brutale.
Guerre mort de grands Princes pluſieurs pars d'Italie
Uni-

Universelle playe. plus fort occidentale
Temperé bonne & pleine , mais fort seiche & tarie.

124   Juin.

Les bleds trop n'abonder. de tous autres fruits
    force.
L'esté , printemps humides. hiver long , neige ,
    glace ,
En armes l'Orient. la France se renforce.
Mort de bestail,prou miel. aux assiegez la place.

125.   Juillet.

Par pestilence & feu fruits d'arbres periront.
Signe d'huile abonder. pere Denis non gueres
Des grands mourir. mais peu d'estrangers failliront.
Insult marin Barbare , & dangers de frontieres.

126.   Aoust.

Pluyes fort excessives , & de biens abondance.
De bestail pris juste être , femmes hors de danger
Gresles , pluyes , tonneres : peuple abatu en France
Par mort travailleront. mort peuple corriger.

127.   Septembre.

Armes , playes cesser. mort de seditieux.
Le pere Liber grand non trop abondera.
Malins seront saisis par plus malicieux.
France plus que jamais victrix triomphera.

128.   Octobre.

Jusqu'à ce mois durer la secheresse grande
A l'Itale & Provence. des fruits tous à demi.
Le Grand moins d'ennemis. prisonnier de leur ban-
    de
Aux escumeurs , pirates , & mourir l'ennemi.

129.   Novembre.

L'ennemi tant à craindre retirer en Thracie,
Laissant cris hurlemens , & pille desolée.
Laisser bruit mer & terre. religion nutrie.
Joviaux mis en route. toute secte affoulée.

1567.   130.   Sur ladite année.

Mort , maladie aux jeunes femmes , rhumes
De teste aux yeux. malheur marchands de terre

G   De

De mer infauſt. femmes mal vin par brumes.
Prou huile, trop de pluy e. aux fruits moleſte guerre.

131.   *Janvier.*

Priſons, ſecrets. ennuis, entre proches diſcorde.
La vie on donnera. par mal divers catarrhes,
La mort s'en enſuivra. poiſon fera concorde.
Frayeur, peur, crainte grande. voyageant lairra
    d'arres.

132.   *Fevrier.*

Priſons par ennemis occults & manifeſtes.
Voyage ne tiendra. inimité mortelle.
L'amour trois, ſimultez, ſecret. publiques feſtes.
Le rompu ruiné. l'eaü rompra la querelle.

133.   *Mars.*

Les ennemis publics, nopces & mariages :
La mort apres. l'enrichi par les morts.
Les grands amis ſe monſtrer au paſſage.
Deux ſectes jargonner. de ſurpris tards remords.

134.   *Avril.*

Par grandes maladies religion fachée,
Par les enfans & legats d'Ambaſſade
Don donné à indign. nouvelle loy laſchée ;
Biens de vieux peres, Roy en bonne contrade.

135.   *May.*

Du pere au fils s'approche. Magiſtrats dits ſeveres.
Les grandes nopces. ennemis garbelans.
De latens mis avant. par la foy d'improperes :
Les bons amis & femmes contre tels groumelans.

136.   *Juin.*

Par le threſor, trouvé l'heritage du pere.
Les Roys & Magiſtrats. les nopces, ennemis.
Le public mal-vueillant, les Juges & le Maire
La mort, pœur & frayeur. & trois Grands à mort
    mis.

137.   *Juillet.*

Encor la mort s'approche. don Royal & Legat.
On dreſſera ce qu'eſt, par vieilleſſe en ruine.
Les Jeunes hoirs. de ſoupçon nul legat.
Threſor trouvé en plaſtres & cuiſine.

138. *Aouſt.*

138. *Aoust.*

Les ennemis secrets seront emprisonnez :
Les Rois & Magistrats y tiendront la main seure.
La vie de plusieurs. santé , maladie yeux , nez.
Les deux grands s'en iront bien loin à la male
    heure.

139. *Septembre.*

Longues langueurs de teste nopce. ennemy ,
Par Prelat & voyage. songe du Grand terreur ,
Feu & ruine grande trouvé en lieu oblique ,
Par torrent descouvert sortir noves erreurs ,

140. *Octobre.*

Les Rois & Magistrats par les morts la main
    mettre ,
Jeunes filles malades, & des Grands corps enflé
Tout par langueurs & nopces. ennemis serfs au mai-
    stre.
Les publiques douleurs. le composent tout enflé.

141. *Novembre.*

Du retour d'Ambassade. don de Roy. mis au lieu,
Plus n'en fera. Sera allé à Dieu ,
Parens plus proches , amis , freres du sang ,
Trouvé tout mort prez du lict & du banc.

AU-

AUTRES
PREDICTIONS
DE
Mr. NOSTRADAMUS,
pour les ans courans en ce siecle.

1.

Iecle nouveau, alliance nouvelle,
Un Marquisat mis dedans la na-
celle,
A qui plus fort des deux l'empor-
tera :
D'un Duc, d'un Roy, gallere de
Florence,
Port à Marseille, Pucelle dans la France,
De Catherine fort chef on rasera.

2.

Que d'or, d'argent fera despendre,
Quand Comte voudra ville prendre,
Tant de mille & mille soldats,
Tuez, noyez, sans y rien faire,
Dans plus forte mettra pied terre,
Pigmée aydé des Censuarts.

3.

La ville sans dessus dessous,
Renversée de mille coups
De canons : & fort dessous terre :
Cinq ans tiendra : le tout remis,
Et laschée à ses ennemis,
L'eau leur fera apres la guerre.

4.

D'un rond, d'un lis ; naistra un si grand Prince,
Bien tost, & tard venu dans sa Province,
Saturne en Libra en exaltation :
Maison de Venus en descroissante force,
Dame en apres masculin soubs l'escorse,
Pour maintenir l'heureux sang de Bourbon.

5. Celuy

5.

Celuy qui la Principauté
Tiendra par grande cruauté,
A la fin verra grand phalange :
Par coup de feu tref-dangereux,
Par accord pourroit faire mieux ,
Autrement boira fuc d'Orange.

6.

Quand le Robin la traiftreufe entreprife
Mettra Seigneurs & en peine un grand Prince,
Sceu par la Fin , chef on luy trenchera :
La plume au vent , amye dans Efpagne,
Pofte attrappé eftant en la campagne,
Et l'efcrivain dans l'eau fe jettera.

7.

La fangfuë au loup fe joindra ,
Lors qu'en mer le bled defaudra,
Mais le grand Prince fans envie,
Par ambaffade luy donra
De fon bled pour luy donner vie ,
Pour un befoin s'en pourvoira.

8.

Un peu devant l'ouvert commerce
Ambaffadeur viendra de Perfe ,
Nouvelle au franc pays porter :
Mais non receu , vaine efperance,
A fon grand Dieu fera l'offenfe,
Feignant de le vouloir quitter.

9.

Deux eftendars du cofté de l'Auvergne,
Seneftre pris, pour un temps prifon regne,
Et un Dame enfans voudra mener :
Au Cenfuart, mais defcouvert l'affaire
Danger de mort murmure fur la terre,
Germain , Baftille frere & fœur prifonnier.

10.

Ambaffadeur pour une Dame,
A fon vaiffeau mettra la rame ,
Pour prier le Grand medecin :
Que de l'ofter de telle peine ,

Mais

Mais en ce s'opposera Royne
Grand peine avant qu'en veoir la fin.

11.

Durant le siecle on verra deux ruisseaux,
Tout un terroir innonder de leurs eaux,
Et submerger par ruisseaux & fontaines :
Coups & Moufrin Beccoyant , & alez
Par le gardon bien souvent travaillez,
Six cens & quatre alez , & trente moines.

12.

Six cens & cinq tresgrand'nouvelle,
De deux Seigneurs la grand querelle,
Proche de Genaudan sera,
A une Eglise apres l'offrande
Meurtre commis , prestre demande
Tremblant de peur se sauvera.

13.

L'auvanturier six cens & six ou neuf,
Sera surpris par fiel mis dans un œuf,
Et peu apres sera hors de puissance
Par le puissant Empereur general ,
Qu'au monde n'est un pareil ny esgal,
Dont un chascun luy rend obeissance.

14.

Au grand siege encor grands forfaits.
Recommençant plus que jamais
Six cens & cinq sur la verdure,
La prise & reprise sera,
Soldats es champs jusqu'en froidure
Puis apres recommencera.

15.

Nouveau esleu patron du grand vaisseau,
Verra long temps briller le cler flambeau
Qui sert de lampe à ce grand territoire,
Et auquel temps armes sous son nom ,
Joinctes à celles de l'heureux de Bourbon
Levant , Ponant , & Couchant , sa memoire.

16.

En Octobre six cens & cinq,
Pourvoyeur du monstre marin,

Pren-

Prendra du souverain le cresme ,
Ou en six cens & six , en Juin ,
Grand' joye aux grands & au commun
Grands faits apres ce grand baptesme.

17.

Au mesme temps un grand endurera ,
Joyeux mal sain, l'an complet ne verra.
Et quelques-uns qui seront de la feste ,
Feste pour un seulement , à ce jour ,
Mais peu apres sans faire long sejour ,
Deux se donront , l'un l'autre de la teste.

18.

Considerant la triste Philomelle
Qu'en pleurs & cris sa peine renouvelle ,
Racourcissant par tel moyen ses jours ,
Six cens & cinq , elle en verra l'issuë ,
De son tourment , ja la toille tissuë ,
Par son moyen senestre aura secours.

19.

Six cens & cinq , six cens & six & sept ,
Nous monstrera jusques l'an dix-sept ,
Du boutefeu l'ire , hayne & envie ,
Soubz l'olivier d'assez long temps caché ,
Le Crocodil sur la terre à caché ,
Ce qui estoit mort , sera pour lors en vie.

20.

Celuy qui à par plusieurs fois
Tenu la cage & puis les bois ,
R'entre à son premier estre
Vie sauve peu apres sortir ,
Ne se sçachant encor cognoistre ,
Cherchera subjet pour mourir.

21.

L'autheur des maux commencera regner
En l'an six cens & sept sans espargner
Tous les subjets qui sont à la sangsuë ,
Et puis apres s'en viendra peu à peu.
Au franc pays r'allumer son feu,
S'en retournant d'où elle est issuë.

22.

Cil qui dira, defcouvriflant l'affaire,
Comme du mort, la mort poutra bien faire
Coups de poignards par un qu'auront induit,
Sa fin fera pis qu'il n'aura fait faire.
La fin conduit les hommes fur la terre,
Gueté par tout, tant le jour que la nuit.

23.

Quand la grand nef, la prouë & gouvernal,
Du franc pays & fon efprit vital,
D'efcueils & flots par la mer fecoüée,
Six cens & fept, & dix cœur affiegé
Et des reflus de fon corps affligé,
Sa vie eftant fur ce mal renoüée.

24.

Le Mercurial non de trop longue vie,
Six cens & huict & vingt, grand maladie,
Et encor pis danger de feu & d'eau,
Son grand amy lors luy fera contraire,
De tels hazards fe pourroit bien diftraire,
Mais bref, le fer luy fera fon tombeau.

25.

Six cens & fix, fix cens & neuf,
Un Chancelier gros comme un bœuf,
Vieux comme le Phœnix du monde,
En ce terroir plus ne luyra,
De la nef d'oubly paffera
Aux champs Elifiens faire ronde.

26.

Deux freres font de l'ordre Ecclefiaftique,
Dont l'un prendra pour la France la pique,
Encor un coup, fi l'an fix cens & fix
N'eft affligé d'une grand' maladie,
Les armes en main jufques fix cens & dix,
Gueres plus loing ne s'eftendant fa vie.

27.

Celefte feu du cofté d'Occident,
Et du Midy, courir jufques au Levant,
Vers demy morts fans point trouver racine
Troifiefme aage, à Mars le Belliqueux,

Des

Des Efcarboucles on verra briller feux,
Aage Efcarboucle, & à la fin famine.

28.

L'an mil fix cens & neuf ou quatorziefme,
Le vieux Charon fera Pafques en Carefme,
Six cens & fix, par efcript le mettra,
Le Medecin, de tout cecy s'eftonne,
A mefme temps affigné en perfonne
Mais pour certain l'un deux comparoiftra.

29.

Le Griffon fe peut apprefter
Pour à l'ennemy refifter
Et renforcer bien fon armée,
Autrement l'Elephant viendra
Qui d'un abord le furprendra,
Six cent & huict, mer enflammée.

30.

Dans peu de temps Medecin du grand mal,
Et la fangfuë d'ordre & rang inegal,
Mettront le feu à la branche d'Olive,
Pofte courir, d'un & d'autre cofté,
Et par tel feu leur Empire accofté,
Se r'alumant du franc finy falive.

31.

Celuy qui à, les hazards furmonté,
Qui fer, feu, eau, n'a jamais redouté,
Et du pays bien proche du Bafacle,
D'un coup de fer tout le monde eftonné,
Par Crocodil eftrangement donné,
Peuple ravi de veoir un tel fpectacle.

32.

Vin à foifon, tres-bon pour les gendarmes,
Pleurs & foufpirs, plainctes cris & alarmes,
Le Ciel fera fes tonnerres pleuvoir
Feu, eau & fang, le tout meflé enfemble,
Le Ciel de fol, en fremit & en tremble,
Vivant n'a veu ce qu'il pourra bien veoir.

33.

Bien peu apres fera tres-grand mifere,
Du peu de bled, qui fera fur la terre,

Du Dauphiné, Provence & Vivarois,
Au Vivarois eſt un pauvre preſage,
Pere du fils, ſera antropophage,
Et mangeront racine & gland du bois.

34.

Princes & Seigneurs tous ſe feront la guerre,
Couſin germain, le frere avec le frere,
Finy l'Arbry de l'heureux de Bourbon,
De Hieruſalem les Princes tant aymables,
Du fait commis enorme & execrable,
Se reſſentiront ſur la bourſe ſans fond.

35.

Dame par mort grandement attriſtée,
Mere & tutrice au ſang qui l'a quittée,
Dame & Seigneurs, faits enfans orphelins,
Par les aſpics & par les Crocodilles,
Seront ſurpris forts Bourgs, Chaſteaux & villes,
Dieu tout puiſſant les garde des malins.

36.

La grand rumeur qui ſera par la France,
Les impuiſſans voudront avoir puiſſance,
Langue emmiellée & vrays Cameleons,
De boutefeux, allumeurs de chandelles,
Pyes & geys, rapporteurs de nouvelles
Dont la morſure ſemblera Scorpions.

37.

Foible & puiſſant ſeront en grand diſcord,
Pluſieurs mourront avant faire l'accord
Foible au puiſſant vainqueur ſe fera dire,
Le plus puiſſant au jeune cedera,
Et le plus vieux des deux decedera,
Lors que l'un d'eux envahira l'Empire.

38.

Par eau, par fer, & par grand maladie,
Le pourvoyeur à l'hazard de ſa vie.
Sçaura combien vaut le quintal du bois,
Six cens & quinze, ou le dixneuſieſme,
On gravera d'un grand Prince cinquieſme
L'immortel nom, ſur le pied de la Croix.

39. Le

39.

Le pourvoyeur du monſtre ſans-pareil,
Se fera veoir ainſi que le Soleil,
Montant le long la ligne Meridienne,
En pourſuivant l'Elephant & le loup,
Nul Empereur ne fit jamais tel coup,
Et rien plus pis à ce Prince n'advienne.

40.

Ce qu'en vivant le pere n'avoit ſceu,
Il acquerra ou par guerre, ou par feu
Et combattra la ſangſuë irritée,
Ou jouyra de ſon bien paternel
Et favory du grand Dieu Eternel,
Aura bien toſt ſa Province heritée.

41.

Vaiſſeaux, galleres avec leur eſtendar,
S'entrebatront pres du mont Gibraltar
Et lors ſera fort faic à Pampelonne,
Qui pour ſon bien ſouffrira mille maux,
Par pluſieurs fois ſouſtiendra les aſſaux,
Mais à la fin unie à la Couronne.

42.

La grand' Cité où eſt le premier homme,
Bien amplement la ville je vous nomme,
Tout en alarme, & le ſoldat és champs
Par fer & eau, grandement affligée,
Et à la fin, des François ſoulagée,
Mais ce ſera dés ſix cens & dix ans.

43.

Le petit coing, Provinces mutinées,
Par forts Chaſteaux ſe verront dominées,
Encor un coup par la gent militaire,
Dans bref ſeront fortement aſſiegez,
Mais ils ſeront d'un tres-grand ſoulagez,
Qui aura fait entrée dans Beaucaire.

44.

La belle roſe en la France admirée,
D'un tres-grand Prince à la fin deſirée,
Six cens & dix, lors naiſtront ſes amours
Cinq ans apres, ſera d'un grand bleſſée,

Du.

Du trait d'Amour , elle fera enlaſſée ,
Si à quinze ans du Ciel reçoit fecours.

45.

De coup de fer , tout le monde eſtonné
Par Crocodil eſtrangement donné ,
A un bien grand , parent de la ſangſuë ,
Et peu apres ſera un autre coup.
De guet à pens , commis contre le loup ;
Et de tels faies on en verra l'iſſuë.

46.

Le pourvoyeur mettra tout en defroute,
Sangſuë & loup , en mon dire n'eſcoute
Quand Mars fera au figne du Mouton
Joint à Saturne , & Saturne à la Lune ,
Alors fera ta plus grande infortune ,
Le Soleil lors en exaltation.

47.

Le grand d'Hongrie , ira dans la nacelle,
Le nouveau né , fera guerre nouvelle
A ſon voiſin qu'il tiendra affiegé ;
Et le noireau avec ſon alteſſe ,
Ne ſouffrira , que par trop on le preſſe ,
Durant erois ans ſes gens tiendra rangé.

48.

Du vieux Charon on verra le Phœnix,
Eſtre premier & dernier de ſes fils ,
Reluire en France , & d'un chaſcun aymable,
Regner long-temps , avec tous les honneurs
Qu'auront jamais eu ſes predeceſſeurs.
Dont il rendra ſa gloire memorable.

49.

Venus & Sol , Jupiter & Mercure
Augmenteront le genre de nature
Grande alliance en France ſe fera ,
Et du Midy la ſangſuë de meſme ,
Le feu eſteint par ce remede extréme ,
En terre ferme Olivier plantera.

50.

Un peu devant ou apres l'Angleterre
Par mort de coups miſe auſi bas que terre ,

Verra

Verra le feu refifter contre l'eau,
Le r'alumant avecques telle force
Du fang humain, deffus l'humaine efcorce
Faute de pain, bondance de coufteau.

51.

La ville qu'avoit en fes ans
Combatu l'injure du temps,
Qui de fon vainqueur tient la vie :
Celuy qui premier la furprift,
Que peu apres François reprift
Par combats encor affoiblie.

52.

La grand Cité qui n'a pain à demy,
Encor un coup la fainct Berthelemy
Engravera au profond de fon ame,
Nifmes Rochelle, Geneve & Montpellier,
Caftres, Lyon, Mars entrant au Bellier,
S'entrebattront le tout pour une Dame.

53.

Plufieurs mourront avant que Phœnix meure,
Jufques fix cens feptante eft fa demeure,
Paffé quinze ans, vingt & un, trente neuf,
Le premier eft fubjet à maladie,
Et le fecond au fer, danger de vie,
Au feu à l'eau, eft fubject trente neuf.

54.

Six cens & quinze, vingt, grand Dame mourra
Et peu apres un fort long-temps plouvra,
Plufieur pays, Flandres & l'Angleterre
Seront par feu & par fer affligez,
De leurs voifins longement affiegez,
Contraints feront de leur faire la guerre.

55.

Un peu devant ou apres tres-grand Dame
Son ame au Ciel, & fon corps fous la lame,
De plufieurs gens regrettée fera,
Tous fes parens feront en grand' trifteffe,
Pleurs & foufpirs d'une Dame en jeuneffe,
Et à deux grands, le dueil delaiffera.

56. Tot

56.

Toſt l'Elephant de toutes parts verra,
Quand pourvoyeur au Griffon ſe joindra,
Sa ruine proche, & Mars qui touſiours gronde,
Fera grands faits aupres de terre ſainƈte
Grands eſtendars ſur la terre & ſur l'onde,
Si la nef à eſté de deux freres enceinte.

57.

Peu apres l'aliance faite,
Avant ſolenniſer la feſte,
L'Empereur le tout troublera
Et la nouvelle mariée
Au franc pays par ſort liée,
Dans peu de temps apres mourra.

58.

Sangſuë en peu de temps mourra,
Sa mort bon ſigne nous donra,
Pour l'accroiſſement de la France,
Alliances ſe trouveront
Deux grands Royaumes ſe joindront,
François aura ſur eux puiſſance.

F I N.